Éliane Monthieux

Tumultes à Madinina

suivi de Et cric... Et crac...

Société des Écrivains

Sur simple demande adressée à la Société des Écrivains,
14, rue des Volontaires – 75015 Paris,
vous recevrez gratuitement notre catalogue
qui vous informera de nos dernières publications.

Texte intégral

« *Pa ni pwoblèm !* »[1]

Après la pluie… le beau temps !

[1] Il n'y a pas de problème !

Tumultes à Madinina

Le fils de David

Vendredi 17 août 2007. « Dean » va s'abattre sur la Martinique et accomplir, brutalement, méthodiquement, sa mission de destruction.

Chaque année, à la même époque, déferlent les annonces de l'approche d'ondes, de dépressions tropicales, de tempêtes, d'ouragans. Les plus capricieux se jouent des prévisions météorologiques. Ils changent soudain de trajectoire, d'intensité et s'éloignent, dédaignant l'île – pour cette fois. Les autres frôlent le rivage ou s'enfoncent plus profondément dans les terres, laissant derrière eux, à des degrés divers, leur lot de malheurs. Mais, durant vingt-huit ans, aucun ouragan n'avait frappé, de plein fouet, de son œil assassin, ce petit point sur la vaste carte du monde.

Depuis la veille, 7 heures, « Madinina » est en état d'alerte orange. Damien et Gabin guettent les signes avant-coureurs du cataclysme. L'ambiance est électrique.

Jeudi 16 août. 17 heures. L'alerte rouge est déclenchée. Dean s'approche rapidement des côtes et grossit plus vite que prévu. « Rejoignez vos habitations ou des abris sûrs » : les consignes de sécurité sont diffusées, en boucle, à la radio.

19 heures. Météo-France annonce le passage de l'ouragan en classe 2, avec des vents de 160 kilomètres à l'heure et des rafales de 190 kilomètres à l'heure, voire un peu plus sur les reliefs.

La nuit est tombée. La campagne, habituellement bruyante, s'est tue. Toute vie se recroqueville, s'enfouit, retient son souffle.

Père et fils ont renoncé à occuper leurs lits respectifs. Barricadés dans la pièce la plus sûre de la maison, installés sur une couche de fortune, des bougies et des allumettes à portée de main, ils écoutent les nouvelles de l'avancée du monstre. Inquiets, ils s'apprêtent à accuser le coup. Tous deux sont silencieux. Damien a consenti à ce que David, le chien, partage leur intimité. En temps normal, il ne conçoit la place d'un animal que dehors, David comme toutes leurs autres bêtes, même s'il occupe une place à part dans leur vie.

Vendredi, 1 heure. « Les effets du cyclone sur l'île sont imminents. La Martinique est placée en niveau de vigilance cyclonique maximum, violet. »

3 h 30. « Dean touche "l'île aux fleurs" et provoque ses premiers dégâts. Le gros du phénomène cyclonique, attendu d'ici quarante-cinq minutes, devrait durement frapper l'extrême sud et la côte atlantique… »

Le vent, en effet, s'est levé. Il souffle violemment, siffle rageusement, s'acharne sur les tôles de la toiture. Combien de temps résisteront-elles à l'assaut de ces forces déchaînées ? Le tonnerre s'époumone, la pluie diluvienne martèle le toit : impossible d'identifier tous les bruits effrayants du combat inégal qui se livre à l'extérieur.

L'eau s'infiltre par chaque interstice des portes et des fenêtres, pourtant soigneusement calfeutrées, de la fragile maison en préfabriqué.

Trop de scénarios catastrophes défilent dans la tête de Gabin. Le silence qui pèse dans la pièce contraste avec le boucan indescriptible du dehors. Il le rompt.

« Papa Damien ?

— *Han, han.*

— Raconte-moi !

— *Ki sa*[2] ?

— David.

— *Tchip !* »

Fin de non-recevoir. Les événements font resurgir des souvenirs douloureux. Damien considère que le moment est mal choisi. Gabin, non, puisque l'ouragan, en même temps que tous les deuils qu'il laisse derrière lui, les a réunis, avec David.

Pour se dérober, Damien parle : de ses bêtes (trouveront-elles un abri ? Quelles chances ont-elles de s'en sortir ?) ; de son champ ; de ses jardins – une récolte perdue ; tout ce travail réduit à néant. Il ne se plaint pas. Il ne s'est jamais plaint. Il réfléchit tout haut.

Un arbre capitule sous les coups de boutoir des rafales. Au bruit qu'il fait en tombant, David sursaute et se met à gémir, la queue entre les jambes. Il a l'air si misérable que Damien, malgré le tragique de la situation, éclate d'un rire tonitruant. « Sans doute pour se rassurer », pense Gabin. David les regarde, surpris, esquisse un sourire forcé, fronçant la truffe. Puis il se recouche en une boule compacte.

Damien pense avoir fait diversion. C'était mal connaître Gabin, qui revient à la charge : il sait comment réveiller le don de conteur de son père.

« Yéééé kriiik !

— Yéééé kraaak, répond Damien instinctivement.

— Yé mistikrik !

— Yé mistikrak !

— Est-ce que la cour dort ?

— Non, la cour ne dort pas. »

Le voilà lancé ! Une fois de plus, Damien raconte à son fils les circonstances de leur rencontre.

---

[2] « Quoi ? »

Le 29 août 1979, l'ouragan David prit pour cible, arbitrairement ou selon un plan précis, la Martinique. Apprenant que la catastrophe était imminente, Damien avait voulu mettre ses bêtes à l'abri et consolider sa maisonnette, avant d'aller se réfugier à l'école du bourg.

L'œil de l'ouragan était vissé sur l'île, jetant plus particulièrement son dévolu sur le nord. Damien serait donc aux premières loges, dans la campagne profonde de Grand-Rivière, à l'extrême pointe nord.

À chaque intempérie, il était coupé du monde, et sa case menaçait de ne pas tenir pas le choc. Monette, sa jeune épouse, attendait un enfant : leur premier-né devait voir le jour, « si Dieu le voulait », trois mois plus tard. Pas question, donc, de prendre des risques.

« *David ka rivé. Pa rété la. Ba'y chabon !* [3] lui disaient ceux qui passaient devant sa porte.

— *Mwen ka vini !* » [4] répondait-il.

Monette et lui avaient emballé quelques vêtements de rechange à la hâte, emporté des effets de toilette, et se dépêchaient de rejoindre les autres.

Trop tard : déjà, la turbulente Grande Rivière était sortie de son lit et leur barrait la route. Cette rivière qui, lorsqu'elle était de bonne humeur, leur fournissait des *zabitan*[5] à profusion. Les enfants s'y baignaient avec bonheur, tandis que leurs mères y faisaient la lessive. Mais lorsqu'elle se fâchait, elle devenait méconnaissable.

Espérant emprunter le petit pont en bambou fabriqué par les habitants du coin, ils avaient remonté la rivière, mais le pont avait disparu, emporté. Alors, ils avaient couru, en quête d'un gué. Finalement, en désespoir de cause, ils avaient tenté

---

[3] « David arrive ! ne reste pas là. Dépêche-toi ! »

[4] « J'arrive ! »

[5] Écrevisses.

de la traverser, à l'endroit où les rochers affleuraient encore. La roche était glissante. Lorsqu'elle avait chuté, Monette avait bien essayé de se rattraper à tout ce qui passait, trop vite, à sa portée, aux rochers que son corps heurtait violemment. Elle ne savait pas nager. Lui non plus. Elle n'avait pas résisté longtemps. Déjà, elle était à cent mètres de lui. Impuissant, Damien avait vu les flots impétueux l'emporter.

« *Djab-la mandé an timanmay* »[6], disait-il.

Pudique et réservé, Damien parlait rarement de Monette, et moins encore des sentiments qui l'animaient lorsqu'il retourna, seul, dans leur case. Gabin pouvait imaginer sa détresse. Lorsqu'il évoquait le souvenir de la disparue, son visage s'illuminait. Apparemment, il n'avait jamais aimé une autre femme. Gabin l'avait bien surpris à faire les yeux doux à quelques « doudous ». Mais elles n'avaient jamais franchi le seuil de la maison, du moins à sa connaissance.

Après ce drame, Damien avait renoncé à tenter de se rendre au bourg. Les secours étaient sur le pied de guerre, sur tous les fronts. Ils ne viendraient pas de sitôt dans ce trou perdu. Et puis, l'eussent-ils voulu qu'ils n'auraient pas pu, tant les routes étaient impraticables.

Pendant des heures interminables, David, l'ouragan, s'était acharné sur l'île et ses habitants. À plus de 200 kilomètres à l'heure, il s'était engouffré partout, avait tournoyé en malaxant tout sur son passage. Dans sa démonstration de puissance, il n'avait rien épargné. Puis il s'était retiré, satisfait, laissant derrière lui une île ravagée.

Damien ponctue son récit de : *sa pa jé* (« ce n'est pas du jeu ») ; *fout i té rèd* (« que c'était dur ») ; *nou té dèyè do bondyé. I ladjé nou* (« nous étions dans le dos du Bon Dieu. Il nous a lâchés »), le tout, entrecoupé de pauses éloquentes.

---

[6] « Le diable a réclamé un enfant »

Ce jour-là, Damien a survécu, mais il a tout perdu. Aujourd'hui, il garde espoir : depuis, il a consolidé la maison, elle devrait tenir. Et puis, c'est le sud, cette fois, que risquent de toucher les plus féroces assauts du monstre.

Après ce premier récit, il raconte, plus volontiers, sa rencontre avec Gabin.

Le lendemain de la tragédie, isolé, le rescapé multipliait les allers et retours entre sa case, à moitié détruite, et « la Grande ». Lorsque, enfin, celle-ci avait dégonflé, il l'avait traversée et s'était dirigé vers le bourg. Soudain, un chien, surgi on ne sait d'où, s'était précipité vers lui. Épuisé, boitant, grelottant, il aboyait, grognait, sautait, faisait mine de partir mais revenait toujours tourner autour de lui.

« *Ki sa ou ka fè la, misié chien ? Ki sa ou lé ?*»[7]

Le manège de ce chien l'intriguait. Comme par instinct, David s'était détourné de sa route pour suivre l'animal. Celui-ci avait parcouru plusieurs mètres avant de s'arrêter net : dans un fourré, un bébé vagissait. Cela tenait du miracle ! Une trace nette et fraîche prouvait que l'enfant avait été traîné de la rive à cet abri précaire. Le nourrisson serré contre lui, sous la toile cirée qui lui tenait lieu d'imperméable, il s'était rendu au bourg, le chien sur ses talons. L'homme et le chien s'étaient adoptés mutuellement. Damien l'avait, tout naturellement, baptisé David. L'enfant avait reçu des soins au centre de secours. Non seulement il était vivant, mais il était en bonne santé. Il avait juste quelques ecchymoses, et avait pris un « coup de froid ».

« Nous sommes débordés. Pouvez-vous vous en occuper, en attendant que l'on retrouve sa famille ? »

Sans hésiter, il avait accepté. Après quelques formalités administratives, vite expédiées, il avait trouvé refuge chez une parente.

---

[7] « Qu'est-ce que tu fais là, monsieur chien, qu'est-ce que tu veux ? »

Quelques jours plus tard, il avait appris, de la gendarmerie, que cet enfant, fils unique, s'appelait Gabin. Ses parents avaient grossi le lot des trophées de David. Emportés par la Grande, eux aussi. Leurs corps, ainsi que celui de Monette, avaient été retrouvés. La Grande n'en était pas à son coup d'essai mais, cette année-là, lui avaient dit les gendarmes, elle avait été particulièrement meurtrière.

Le reste de la proche famille du petit n'avait pas non plus été épargné, sur le plan matériel ; la dîme qu'ils avaient versée n'était qu'un maigre butin pour le monstre ; pour eux, c'étaient toutes leurs richesses. Ils ne savaient comment continuer à nourrir les quatorze bouches, toutes générations confondues, que comptait déjà leur foyer. Mais ils ne manquaient pas de courage. Ils étaient prêts à accueillir Gabin.

Damien leur avait, spontanément, proposé d'élever Gabin. Ici, l'entraide était la règle. Il n'était pas rare que parents ou voisins se chargent d'un ou de plusieurs enfants pour « soulager » les plus pauvres. Tous se connaissaient, dans cette petite commune. Ils formaient, en quelque sorte, une grande famille, avec ses divisions, bien sûr, comme dans toutes les familles. Mais l'esprit de solidarité l'emportait sur les dissensions. Ils le lui avaient volontiers confié.

David, par caprice, lui avait offert cet enfant en échange de celui qu'il lui avait ravi. Depuis ce jour, Damien s'était, du mieux possible, occupé du bonheur de son fils. Il en avait fait un solide gaillard, comme lui. Il en était très fier.

« *Ich tig pa ka né san zong* »[8], aimait-il dire, même s'il n'était pas le papa tigre.

Tous deux formaient un couple de mâles très soudé, dans l'adversité comme dans la joie, menant une vie rude mais tranquille. Pour lui-même, Damien n'en demandait pas plus. Sa vie lui semblait toute tracée. Mais il était prêt à sacrifier

---

[8] « Les petits du tigre ne naissent pas sans ongles. »

son existence, pour permettre à son fils d'arracher un mieux à la vie. Gabin, pourtant, ne manifestait aucun désir de sortir de sa condition, et encore moins de quitter son père.

4 h 30. « De nombreuses toitures sont arrachées par de très violents coups de vent. Les coupures d'électricité touchent désormais l'ensemble des habitations. Des bateaux commencent à rompre leurs ancrages… »

5 heures. « Dean est sur la Martinique… Les communes du sud sont très touchées… Des rafales de 200 kilomètres à l'heure… De gros dégâts provoqués par des chutes d'arbres… Dans le canal de Sainte-Lucie, les vagues atteignent 10 mètres de haut… Pas d'amélioration prévue avant 7 heures locales… »

Damien et Gabin comptent les heures. Impatients de pouvoir, enfin, mettre le nez dehors.

Un à un, les arbres s'affalent lourdement, faisant trembler le sol. Un volet vole en éclats. L'eau gicle de toutes parts. À 7 heures du matin, sous sa toiture toujours agitée de soubresauts, la maison gémit mais tient bon. Au sortir de cette nuit blanche, éprouvante, nerveusement, Damien et Gabin sont épuisés mais le vent, lui, a encore de l'énergie à revendre.

9 heures. « L'œil du cyclone est passé, mais de violentes rafales de vent de 160 à 200 kilomètres à l'heure persistent, accompagnées de fortes précipitations… Plus de 100 millimètres en 1 heure… Le mur de l'œil a balayé le sud, de 4 heures à 7 heures du matin… Au bout de la presqu'île, l'anse des Salines offre un spectacle de désolation… »

10 heures. « Le réseau téléphonique connaît de graves difficultés… 95 % des foyers sont privés d'électricité… Les infrastructures routières et de distribution d'eau ont beaucoup souffert. À travers toute l'île, les routes sont encombrées de troncs d'arbres… Les professionnels annoncent que 100 %

des plantations de bananes sont ravagées… Les champs de canne, s'ils ont un peu mieux résisté, sont néanmoins détruits à 70 %… Le littoral exposé a subi des vagues d'une hauteur de six à dix mètres, dans le Nord Atlantique… »

Le vent et la pluie ont un peu baissé en intensité. L'alerte violette est toujours en vigueur mais, sans en attendre la levée, Damien et Gabin, n'y tenant plus, décident d'aller constater l'étendue des dégâts. Ils sortent par la fenêtre – la porte ne s'ouvre pas –, pour se retrouver face à un spectacle apocalyptique. Gabin, debout, bras ballants, reste bouche bée.

« *Eh bé Bondyé !* dit Damien, *pa rété ansèl pyé bwa doubout !* »[9]

En réalité, il en reste un. Un arbre, à moitié déraciné, a, tant bien que mal, résisté à la furie du vent. L'énorme manguier centenaire a triste allure : effeuillé, étêté, branches cassées, il penche dangereusement.

Des débris en tous genres jonchent le sol. Un glissement de terrain a épargné la maison de justesse.

« *É bèf mwen ?* »[10], continue Damien.

Ensemble, ils entreprennent de déblayer le tapis de boue qui bloque la porte d'entrée, l'amas de feuilles, de branchages, le monceau de cailloux, de roches et de matériaux divers. Puis ils fixent la tôle qui menace de s'envoler. Ils s'activent. Damien veut aller voir ses bêtes.

Après avoir débité le tronc qui leur barrait la route, crapahutant sur tout ce qui entrave leur avancée, ils se rendent, le plus vite possible, dans le champ voisin.

Seule une vache, yeux exorbités, panse éclatée, gît sous l'arbre qui a détruit leur abri. Les autres ont trouvé refuge non loin de là, sur un *morne*. Par chance, les bêtes sont restées groupées.

---

[9] « Il ne reste pas un seul arbre debout ! »
[10] « Et mes bœufs ? »

Damien et Gabin transportent avec eux le poste radio d'où, inlassablement, s'égrène le bilan des exploits de Dean.

10 h 30. « Le centre du cyclone se trouve désormais à 80 kilomètres à l'ouest, mais les conditions resteront très difficiles toute la journée, avec le passage de grains accompagnés de vents soufflant jusqu'à 100 kilomètres à l'heure, et une dangereuse houle cyclonique en mer Caraïbe… »

Ils se regardent. Tous deux ont la même idée en tête, qu'ils n'osent exprimer. Gabin se lance le premier :

« On va voir dans quel état est mam'zelle la Grande ? »

Sans répondre, Damien se met en route. Gabin lui emboîte le pas.

Près de la rivière, sur la berge opposée, un attroupement : des gens crient et gesticulent, dans une grande effervescence. Aucun doute, un drame se joue par là. Ils s'approchent du bord en courant. Au milieu de la rivière, un jeune garçon est coincé dans les branches enchevêtrées d'un arbre que la tempête a abattu. Du côté où se trouvent Damien et Gabin, le géant n'est plus retenu que par une racine maîtresse, qui menace de céder à son tour. Les cris effrayés proviennent de la rive. Le garçonnet, lui, est mutique. Quelques-uns lui tendent des perches : pétrifié, il n'essaye même pas de les attraper. Bouger, c'est prendre le risque d'être emporté, il l'a bien compris.

Attendre des secours est vain : les lignes téléphoniques, comme les routes, sont coupées. À peine arrivé, Damien est déjà à califourchon sur le tronc. Il pense, par cette voie, atteindre l'enfant. Gabin se précipite, le retient fermement par la ceinture :

« Pas toi ! Moi, je sais nager. »

Son père lui résiste, mais Gabin, aussi costaud que lui, l'oblige à reculer, et prend sa place. À plat ventre, en équilibre instable, il rampe par à-coups, bientôt suivi par un autre jeune homme du quartier, qui, lui aussi, vient d'arriver sur place. Leur reptation est lente, périlleuse.

Arrivé à la portée du garçon, Gabin se penche et lui tend le bras. Au même instant, son cosauveteur se couche sur lui pour lui attraper la taille, qu'il enserre fortement de ses deux bras.

Gabin parvient à toucher l'enfant. Il hésite. Le jeune garçon pourra-t-il s'agripper assez fermement à la main qu'il lui tend ? Et lui, aura-t-il la force de le hisser, à bout de bras, en travers du tronc, parviendra-t-il à le persuader de se cramponner sur son dos ? Pourront-ils, ensuite, se maintenir tous les deux en équilibre, et rejoindre la berge à reculons ? Le courant est si fort que l'eau submerge leur « jetée » branlante, à gros bouillons. C'est risqué, très risqué.

Tous retiennent leur souffle. Un silence de mort plane au-dessus du fracas des eaux et de leur grondement menaçant.

Gabin prie le bon dieu et implore la providence. Il est exaucé : après plusieurs tentatives infructueuses, il attrape, au vol, une corde lancée de la rive d'en face, qu'il parvient à attacher solidement sous les bras de l'enfant.

Gabin ne bouge pas. Il attend. Il espère. Avant d'amorcer un repli, il veut s'assurer que l'enfant est hors de danger. Les autres, dans une grande coordination de mouvements, ainsi que le font les pêcheurs pour un « coup de senne », tirent sur la corde. Les applaudissements, les cris de joie de la foule lui annoncent que l'enfant est sain et sauf, sur la terre ferme. Ouf ! Il ne saurait dire combien de temps s'est écoulé – une éternité ! Lentement, son compagnon regagne la rive, à reculons. Pour ne pas le gêner, Gabin ne bouge toujours pas, ni n'ose jeter le moindre regard en arrière.

Puis, à son tour, il amorce un mouvement de recul. Il glisse : l'ogresse, vorace, le happe et l'engloutit.

Les derniers souvenirs qu'emporte Gabin avec lui sont les hourras de la foule suivis, quelques secondes plus tard, du long cri déchirant de son père et du hurlement à la mort de David, son chien.

13 heures. Le poste radio, posé sur la berge, continue à diffuser son message, que personne n'entend : « Suite à l'amélioration des conditions météorologiques, la Martinique passe du niveau violet au niveau gris. Le vent s'apaise, mais l'on redoute désormais des inondations, comme sur la RN 5, coupée en son milieu par un torrent d'eau et de boue qui rend très difficile l'accès au sud de l'île… »

L'île poison

« C'est un bien beau mariage que celui de mademoiselle ! Comme, d'ailleurs, tous les mariages de la caste béké »[11], se dit Da Nanie, tandis que le joyeux cortège et ses tenues d'apparat s'ébranlent en direction de l'église.

Da Nanie est à mille lieues de se douter qu'Anselme, son fils unique, va venir jouer les trouble-fête.

Depuis qu'elle est au service de la famille de Verrier de Mont-Vert, seul le mariage de monsieur Rodolphe a été célébré sans grandes pompes. Aucun membre de la famille n'a même assisté à la cérémonie, organisée en catimini – il faut dire que monsieur Rodolphe, le fils aîné de monsieur, s'est rendu coupable d'une mésalliance, crime de lèse-majesté inacceptable s'il en est. C'est donc à monsieur Guy, son fils cadet, que monsieur a cédé ses droits, lorsqu'il s'est retiré des affaires. Monsieur Rodolphe, pour sa part, s'est purement et simplement vu déshériter.

Ce samedi 20 octobre 2007, Da Nanie assiste donc au mariage de l'arrière-petite-fille de monsieur. Pourquoi n'avoir pas attendu le mois de décembre ? Traditionnellement, les mariages sont célébrés en décembre ou en juillet. Pourquoi octobre ? Mademoiselle n'aurait-elle pas un *petit* en chantier ? Da Nanie nourrit de forts soupçons, à ce sujet. Elle n'est pas peu fière, dans la somptueuse *grand'robe* en taffetas imprimé, et doublé de tarlatane, qu'elle a confectionnée pour

[11] Blancs créoles.

l'occasion. La longue traîne relevée, accrochée à sa taille encore mince, laisse apercevoir, subtile coquetterie, les volants du jupon en satin brodé. En dessous, elle porte aussi de longues culottes en coton blanc bordées de dentelles qui s'arrêtent au-dessus du genou, vestiges d'une époque révolue. Elle a élégamment posé sur ses cheveux, roulés en choux, une *chaudière*[12], maintenue par une barrette en or. Elle arbore ses plus beaux bijoux : collier-choux, mailles *concombre*, chaîne forçat, boucles d'oreilles *tété-négresse*[13], broche *pomme cannelle,* bagues, bracelets – l'héritage de sa mère, et son seul capital.

Avec un peu de chance, si Dieu lui prête vie, elle pourra encore assister au mariage de la prochaine génération. Elle a assisté à maints mariages, naissances, mais aussi à plusieurs décès, dans cette famille nombreuse. Ainsi, monsieur a raté de peu le mariage de mademoiselle Bénédicte. Il est mort l'année dernière, à l'âge de quatre-vingt-onze ans. Il avait bien vécu, et en bonne santé : bon pied, bon œil, jusqu'au bout. Son épouse, madame Flora, l'avait précédé cinq ans plus tôt – usée, peut-être, par ses quatorze couches et fausses couches. Elle ne se fatiguait pourtant pas trop, sa domesticité, nombreuse, lui laissait du répit et quelque temps libre. Pourtant, elle n'avait pas l'air très heureuse, malgré sa situation privilégiée. Monsieur n'était pas du genre tendre.

Da Nanie, aujourd'hui âgée de soixante-quatre ans, est née sur la propriété. Elle a passé son enfance à aider sa mère au service de monsieur et madame. Sa fréquentation de l'école a ainsi été entrecoupée de nombreuses pauses, « pour raison de service ». L'Éducation nationale était, autrefois, moins à cheval sur les absences. Da Nanie, pas plus que sa mère, n'avait décroché son certificat d'études.

---

[12] Coiffe toute prête, moulée sur la tête.

[13] « En forme de sein ».

Et, depuis l'âge de seize ans, elle est au service de monsieur Guy.

« *Fout i bèl !* »[14], soliloque Da Nanie en suivant des yeux la mariée, aux côtés de son père.

Altier, il porte queue-de-pie, nœud papillon, haut-de-forme et gants blancs. Installée sur le siège en cuir noir de la calèche – sortie de son écrin pour l'occasion –, entourée de son immense voile de tulle finement brodé, le visage encadré de boucles dorées piquées de fleurs blanches, la taille bien prise dans sa robe immaculée, toute en soie et dentelles de Calais, commandée à un grand couturier de France, mademoiselle est princière, et le bonheur danse la biguine dans ses yeux.

Da Nanie qui, d'ordinaire, a peu le loisir de pleurer, verse discrètement les quelques larmes qu'elle ne peut contenir. Il y a l'émotion des circonstances, bien sûr, la joie contagieuse de la petite, mais aussi un fond de tristesse qu'elle ne saurait analyser. Elle n'en a d'ailleurs nulle envie. Elle n'est pas malheureuse, Da Nanie. Elle ne se demande même pas ce qu'aurait pu être une vie différente. Pas de temps pour ça ! Et puis, à quoi bon ? Elle jouit, dans la famille, d'une position dont elle n'a pas à se plaindre. Tout en conservant la place due à son rang, elle n'en a pas moins acquis une certaine autorité, grâce à son statut de « Da[15] ». Certes, elle n'a pas pu participer à l'instruction des enfants, faute d'en avoir reçu elle-même, mais elle n'ignore aucun des codes de bonne conduite, de bonnes mœurs ou de bonnes manières que la communauté béké considère comme indispensable pour sa progéniture. Aussi Da Nanie s'est-elle toujours acquittée de sa mission d'éducation, en même temps que des soins quoti-

---

[14] « Qu'elle est belle ! »

[15] Domestique chargée de s'occuper des enfants.

diens, avec une efficacité affectueuse que tous s'accordent à lui reconnaître.

La sortie de l'église est tout aussi fastueuse que l'était l'arrivée du convoi. Tout est on ne peut mieux orchestré pour rester gravé dans les mémoires. Les amis de golf de monsieur Guy font, avec leurs clubs, une haie d'honneur au cortège. Le riz pleut en cascades et couvre le sol d'un fin gravillon qui crisse sous les semelles. Après moult congratulations, sur le parvis de l'église, de la part des parents, amis, alliés ; après la séance de photos ; après une dernière bénédiction du prêtre – un oncle de la mariée –, le cortège se reforme pour serpenter, à la vitesse de l'escargot, et dans un concert de klaxons, en direction de la plantation.

Mais, à la grande honte de Da Nanie, Anselme, son garçon, leur réserve une désagréable surprise. Les rapports entre Anselme et monsieur Guy ont toujours été tendus, depuis toujours, Anselme multiplie les provocations. Pourtant, monsieur Guy et, plus tard, madame Stéphanie, son épouse, avaient eu pour Anselme plus de largesses qu'avec n'importe quel autre enfant de leurs employés. Outre son baptême, ses communions privée et solennelle, sa confirmation, ils avaient financé sa scolarité, et chacun de ses anniversaires avait fait l'objet de leurs attentions. Anselme héritait des vêtements des enfants de monsieur et madame : en conséquence, il était plutôt bien mis, pour un fils de domestique, mais cela accentua la différence entre lui et les enfants du quartier, et de cela, Anselme ne leur était pas reconnaissant.

À seize ans, contre toute attente, alors que monsieur Guy s'apprêtait à lui offrir un avenir à son service, Anselme a quitté la plantation pour aller s'installer dans la capitale, à Fort-de-France : « Lieu de perdition », disait monsieur Guy. Gilbert, mécanicien automobile, l'avait pris en apprentissage. À sa majorité, Anselme avait trouvé un bon job, sur le port.

Rebelle, contestataire, disputailleur, violent, à l'occasion, il était devenu un malabar, le major du port et de son quartier, à Trénelle. Dès l'enfance, il semblait avoir de bonnes dispositions pour endosser de tels rôles, mais Da Nanie avait toujours espéré en faire un monsieur.

Là où il se présentait, nul ne s'aventurait à provoquer le *mèt pyès*[16]. Il avait le coup de coutelas sûr, même si, le plus souvent, il se contentait d'en menacer ses adversaires. Lorsqu'il en usait, c'était du plat et du dos. Par contre, il avait le poing leste au départ, et lourd à l'arrivée. Ceux qui avaient prétendu l'affronter avaient tous reçu une correction mémorable qui avait mis fin, chez eux, à toute velléité de bravade. Il les tenait tous en respect. À cause de cette propension à la bagarre, il avait déjà eu des démêlés avec la justice.

Pourtant, Anselme n'était pas un mauvais bougre : au contraire, tout le monde s'accordait à lui reconnaître des qualités exceptionnelles de cœur. Il était adulé des enfants, dont nul ne le craignait, et qui l'entouraient comme une volée de merles dès son arrivée dans le quartier. Ils savaient qu'il gardait toujours, dans ses poches, quelques petites friandises dont il avait délesté les conteneurs du port. Les enfants n'étaient d'ailleurs pas les seuls à le savoir, mais il n'avait jamais été inquiété pour si peu. Quant aux femmes qui avaient ses faveurs, elles le considéraient également comme un homme à part.

Il n'avait jamais remis les pieds dans la plantation, pas même pour voir Man Nanie : il lui en voulait d'avoir refusé de le rejoindre quand il le lui avait demandé. Sa situation lui permettait alors de prendre soin de sa mère qu'il ne supportait pas de voir passer le reste de sa vie à « faire la bonne ».

---

[16] Littéralement : « le maître de la pièce », par référence au héros de théâtre ou de cinéma.

Il ne supportait pas d'entendre Man Nanie se présenter en tant que « bonne » des de Verrier de Mont-vert, ainsi que le faisaient toutes les générations qui l'avaient précédée.

« Y a plus, de bonne ! *Bonne est fini* ! la reprenait vertement Anselme.

— *Mwen sé ki sa*[17] ? rétorquait-elle.

— “Gens de maison” !

— *Si ou lé !*[18] »

Man Nanie ne voulait certes pas le contrarier, mais continuait néanmoins à se présenter comme la « bonne », tant elle partageait peu cette susceptibilité qui lui semblait propre aux nouvelles générations. « Bonne » ou « gens de maison », qu'est-ce que cela changeait, après tout, pour elle ? Qu'elle soit l'un ou l'autre, elle allait finir sa vie au service de cette maison. Loin d'y avoir été mal traitée, elle jouissait d'une certaine considération voire d'un certain respect. Discrète, elle savait se tenir à sa place, ce qui n'empêchait pas certains membres de la famille de nourrir pour elle une réelle affection.

De retour de l'église, la noce tombe nez à nez avec une bonne centaine d'ouvriers agricoles, installés devant l'entrée de l'habitation.

Monsieur Guy s'interroge. Se pourrait-il qu'ils soient venus faire à la petite maîtresse la surprise d'un hommage ? Mais, seconde suivante, il est fixé. Après avoir laissé passer la calèche, en tête de cortège, des nouveaux épousés, une barrière de corps athlétiques, sur un geste d'Anselme, prend place devant la longue file de voitures. Anselme contourne la limousine climatisée de monsieur Guy, se penche et plante, à travers la vitre fermée, son regard gris dans les yeux bleus de monsieur Guy. Puis il redresse le buste, recule d'un pas et se

[17] « Qu'est-ce que je suis ? »

[18] « Si tu veux ! »

met à scander : « *Klordékòn ich kòn'* »[19], « *klordékòn yo ka kòné nou* »[20], « *klordékòn, yo ka dékoné* »[21], bientôt suivi par la foule. Man Nanie, assise à l'arrière du véhicule, observe avec attention mais s'abstient d'intervenir. Un autre signe d'Anselme, et tous libèrent le passage, en formant une haie… mais pas une haie d'honneur ! Sans un mot, sans un geste, ces hommes regardent les voitures passer, visages fermés, regards hostiles… cela fait désordre ! Tous sont connus de monsieur Guy, surpris de voir là ses plus fidèles ouvriers.

Monsieur Guy est de plus en plus inquiet. De toute évidence, la bande qui tient le siège devant la plantation est aux ordres d'Anselme. Mais que fait donc là cet énergumène ? Que veut-il ? Depuis son plus jeune âge, il affichait une personnalité très affirmée, tellement, même, que monsieur Guy s'est senti soulagé soulagé quand le jeune homme les a quittés. Il ne s'attendait pas à le retrouver là, en cette circonstance. Ainsi, il aurait dû s'en méfier davantage encore qu'il ne l'a fait.

Cet accueil jette un froid.

« Pauvre petite ! Ne peut s'empêcher de penser Da Nanie. Gâcher ainsi le plus beau jour de sa vie ! »

Quelques minutes plus tard, monsieur Guy fulmine.

« Il faut dire qu'il y a de quoi ! » pense Da Nanie en le voyant faire les cent pas sur la véranda.

Le temps est magnifique, en ce jour d'octobre ; mais, au lieu de s'en réjouir, monsieur Guy regrette qu'une pluie diluvienne ne fasse pas déguerpir ces voyous.

Ses invités – issus, presque exclusivement, de la caste béké – ne sont pas plus impressionnés que lui : les uns comme

---

[19] Littéralement : « Chlordécone, "enfant de cornes" (*i.e.* enfant bâtard) ».

[20] « Ils nous trompent. »

[21] « Ils déconnent. »

les autres commencent à être coutumiers de ces affrontements.

« Les temps ne sont plus ce qu'ils étaient ! » grogne monsieur.

Cela fait, en effet, belle lurette que la servilité et l'indéfectible docilité de ses ouvriers, employés et gens de maison n'est plus qu'un lointain souvenir. Dans les plantations comme dans les entreprises, cela peut ruer dans les brancards mais, de mémoire de béké, on n'a pas connu de mouvement de contestation dont on ne soit venu à bout.

Les petits planteurs, certes, s'agitent. Les mouvements, sur le port, à l'occasion du chargement de la banane, se multiplient, mais, sur le domaine de monsieur Guy, tout roule – avec peut-être quelques anicroches, mais rien de grave : jusque-là, il a su faire en sorte que n'éclate chez lui aucun des mouvements sociaux devenus, sur le reste de l'île, aussi fréquents que prompts à dégénérer.

Lorsque son père dirigeait la plantation, et que monsieur Didin la gérait, ils les auraient assurément, en deux temps, trois mouvements, fait « *pran la vol* »[22].

Les quelques *zorèy*[23] présents parmi les invités, peu habitués au contexte social de l'île, ne sont guère rassurés mais, devant le calme de leur hôte, ils prennent le parti de profiter de la fête sans se mêler de ce qui ne les regarde pas – tout en restant suffisamment sur leurs gardes pour être prêts à prendre leurs jambes à leur cou, si la situation devenait trop critique.

Monsieur Guy les rassure : personne ne leur gâchera la fête ! Il leur en fait le serment. Tous font alors semblant de le croire.

---

[22] Déguerpir (« s'envoler »).

[23] Blancs européens.

On sert des rafraîchissements dans le jardin : toutes les variétés de fruits frais de saison sont pressées, à la demande, tous les parfums de sodas dont les enfants pourraient rêver leur sont proposés ; la gamme des apéritifs alcoolisés est telle que l'on se croirait dans une supérette. Les puissantes mâchoires d'un broyeur purgent, sans relâche, la canne à sucre de son nectar verdâtre.

Les convives s'éparpillent ensuite dans le parc. Les robes longues « empire », « princesse », « bourgeoise » des fillettes, jeunes filles et femmes caressent le gazon anglais, en bouquets bigarrés. Toute la palette des couleurs, du plus clair au plus foncé, s'étale sur le fond vert de la nature. Les hommes sont princiers, dans leurs smokings : costumes redingote en lin, tissu broché, satin de soie, coupes impeccables. Nulle menace dans le ciel, dégagé de tout nuage. Une brise légère souffle. Des enfants poussent des cris de joie en se poursuivant à travers le jardin, d'autres, sagement assis, attendent le feu vert de leurs parents pour se ruer, à leur tour, dans la vaste étendue herbeuse et sèche. Un peu à l'écart, près d'un bouquet de bambous qui couine sous l'effet du vent, le frère aîné de mademoiselle Bénédicte roucoule.

« On finira bien par les marier, ces deux-là », se dit Da Nanie, à qui rien n'échappe.

Monsieur Adolphe est, depuis un an, rentré au pays, après de brillantes études dans les meilleures écoles de commerce de France et des États-Unis. Monsieur Guy voit en ce petit-fils son plus probable successeur. Du coup, monsieur Adolphe, accaparé par les affaires de la famille, n'a que trop longtemps négligé ses affaires de cœur.

En cette fin d'après-midi, la nature s'endort, les senteurs se réveillent. Caquètements, pépiements, roucoulades, trilles… ont cédé la politesse aux coassements, crissements. Des lucioles ouvrent le bal.

Monsieur Guy a réuni quelques hommes de la famille et quelques amis dans le salon. Droit comme un I, dans son fauteuil colonial, il fume nerveusement un havane et déguste un brandy servi par Nanie, qui saisit, au passage, quelques bribes de cette conversation, fort animée. Monsieur Guy ne décolère pas.

Il brandit le quotidien local.

« "L'île poison", *épi ki sa ankò*[24] ! Hier, c'était "Madinina", "l'île aux fleurs", une destination mythique, paradisiaque. *Atjèlman sé* l'île Poison[25] ! C'est bon pour la haute saison touristique qui approche, ça ! Si y a plus la banane, et si l'autre axe majeur du développement économique se casse la figure, de quoi vivrons-nous ? enchaîne-t-il.

— *Nou ké bwè wronm !* [26] s'esclaffe son voisin. *Sé pa kansè nous ké ni, sé titak plis siwòz*[27].

— "Qui a empoisonné les Antilles !" s'emporte monsieur Guy en continuant sa lecture. La caste béké responsable de tous les maux ! Nous étions déjà des esclavagistes, des colons, des profiteurs, des exploiteurs : à cela, nous étions habitués. Mais "empoisonneurs" ! La coupe est pleine !

— Et puis, y a pas que la banane, qui pollue, s'enflamme monsieur. Qui est responsable de la concentration de CO_2 dans l'atmosphère ?

— Pas la faible industrialisation de notre économie, s'empresse de répondre le plus gros industriel de l'île.

— Et les gaz d'échappement, parlons-en ! dit monsieur en relâchant la tension. Même l'air est pollué ! Les alizés ne parviendront plus, sous peu, à remplir leur fonction purifica-

---

[24] « Et puis quoi, encore ? »

[25] « Maintenant c'est "l'île poison !" »

[26] « Nous boirons du rhum. »

[27] « Ce ne sont pas des cancers que nous aurons, mais un peu plus de cirrhoses. »

trice, et la Martinique sera asphyxiée ! Qui aurait pu imaginer qu'un jour nous connaîtrions des pics de pollution ? Et qui en est responsable ? »

Le principal importateur d'automobiles pique du nez.

Nanie glisse sur le carrelage grenat à larges dalles. Elle a troqué sa *grand'robe* de cérémonie et sa tête *kalandé*[28] pour une *gòl*[29] en popeline, d'une blancheur étincelante, à manches aux trois quarts évasées, richement agrémentée de dentelles et de broderies ajoutées. La taille ceinte d'un foulard en madras assorti au grand mouchoir, habilement noué, en éventail, sur sa tête. Elle se fond dans le paysage. Elle retourne, sur la pointe des pieds, rejoindre la nombreuse marmaille qui court dans tous les sens. Elle a quasiment élevé les sept poulains sauvages qu'ont été les enfants de monsieur Guy. Les petits-enfants, à leur tour, lui ont été souvent confiés. Ils ont passé plus de temps accrochés à ses jupes que dans les bras de leur mère. Maintenant, les petits l'épuisent. Elle n'a plus la force de leur courir après, bien qu'ils risquent, à tout moment, de se rompre le cou dans leurs débordements, leurs escalades. Filles comme garçons sont turbulents. Ils gravissent les escaliers en se poursuivant, déboulent dans les pièces. Il faut les calmer, avant que leurs jeux ne tournent à la catastrophe.

« Allez jouer dehors ! » leur intime-t-elle, espérant qu'ainsi d'autres personnes pourront avoir l'œil sur eux.

Les enfants, de moins en moins impressionnés quand elle « fait la grosse voix », lui obéissent moins volontiers qu'autrefois, même s'ils restent trop bien élevés pour faire preuve de la moindre insolence à son égard.

---

[28] Le « calendage » consiste à peindre toutes les parties roses d'un madras avec un mélange de gomme arabique et de jaune chrome.

[29] Longue et ample robe traditionnelle.

Le créole fuse. Elle a renoncé à les reprendre. Elle-même avait été interdite de créole, à la maison comme à l'école. Sa propre mère, qui écorchait le français, le lui interdisait.

Monsieur Guy tient toujours le crachoir :

« *Yo ka rakonté nenpòt ki sa !* »[30]

La pilule est amère, pour monsieur Guy. Il refuse de passer du statut de maître, grand propriétaire terrien, grosse fortune, employeur, voire bienfaiteur... à celui d'empoisonneur.

Le nombre de cancers de la prostate explose, sur sa plantation comme dans toute l'île. À présent que le lien avec l'utilisation du chlordécone, ce poison, est établi, on recherche les coupables. On veut faire tomber des têtes.

« *Mwen pa malad. Fanmi mwen pa malad !* »[31] tonne monsieur Guy. Et puis, de toute façon, notre système de santé est tellement performant...

— Ouais, et puis, y a la Sécu, renchérit un ami.

— Et son trou deviendra gouffre sans fond ! » conclut un autre.

Malgré l'affirmation maintes fois répétée de monsieur Guy, autant pour convaincre lui-même que pour en persuader les autres, Anselme a réussi à semer le trouble. Les hommes de la caste béké passent plus de temps en palabres qu'à s'amuser et festoyer. Ensemble, ils construisent le plus caricatural des romans d'anticipation de l'histoire de la Martinique.

« L'exportation va quasiment être réduite à néant. Notre balance commerciale n'en sera que plus déficitaire !

— L'économie du pays va s'effondrer. Déjà qu'elle n'est pas bien vaillante ! *Blogodo* ![32]

---

[30] « Ils racontent n'importe quoi ! »

[31] « Je ne suis pas malade. Ma famille n'est pas malade ! »

— Le marasme, je vous dis, le marasme.

— La Martinique se videra de ses forces vives, de ses têtes pensantes…

— Et de ses capitaux !

— Ne resteront que les chômeurs, les délinquants, les drogués – et quelques fonctionnaires, aussi longtemps que leur pouvoir d'achat leur restera garanti.

— Et aussi les vieux et les enfants, que les familles abandonneront aux services sociaux.

— Mais y aura-t-il encore des services sociaux ? Et la manne qui les alimentait ? Fini aussi, la perfusion sociale !

— Et la France, poursuit monsieur Guy, qui aura peur de l'invasion, va fermer ses frontières à ses Français d'outre-mer et à leurs bananes poison !

— De toute façon, les malheureux n'auront pas de quoi se payer un billet d'avion ou une traversée en bateau, ne serait-ce que pour rejoindre les îles les plus proches !

— Et la Martinique, elle aussi, fermera ses frontières, pour éviter la fuite de ses citoyens.

— Ils voulaient l'indépendance, eh bien, ils l'auront !

— Et ils crèveront de faim ! Peut-être même la Martinique battra-t-elle le record de misère, jusque-là détenu par Haïti.

— Alors on verra une vague de *boat people* s'expatrier vers Saint-Domingue pour être réduits en esclavage, à l'égal des ouvriers agricoles haïtiens dans les plantations de canne à sucre.

— Retour à la case départ : ils nous traitent d'esclavagistes, ils verront ce qu'est l'esclavage », dit, méchant, monsieur des Salines. »

---

[32] Ce mot, signifiant « chute », évoque le bruit que fait quelque chose ou quelqu'un en tombant.

Les esprits sont chauffés à blanc. Monsieur du Bouillon de Vétiver, d'un ton compatissant, tente de mettre un terme à ces sarcasmes, à ces prédictions anthracite :

« Nous y allons un peu fort. Il est tout de même excessif d'en arriver à formuler de tels souhaits !

— Ils revendiquent la restitution de leurs terres volées par nos ancêtres. Eh bien, ils les auront, leurs terres pourries, lance monsieur Guy en se levant. »

Habituellement, il éteint son cigare, droit venu de La Havane, avec une délicatesse presque respectueuse. Aujourd'hui, il l'écrase, nerveusement, de sa main maigre, longue, aux ongles carrés et jaunis, tachée de vieillesse à force d'exposition au soleil. Le cendrier en cristal de Baccarat en forme de cygne manque de valser et de quitter son assise sur le guéridon en bois serpent.

Il dit, haut et fort, le doigt levé :

« Mais nous n'allons pas laisser ces débiles saboter la fête ! Rejoignons nos invités ! »

Le sieur Guy de Verrier de Mont-Vert est furibard mais pas inquiet pour l'avenir de sa famille et de son clan. Il a eu confirmation, par son fils, installé en France métropolitaine, que la banane ne s'y vend déjà pas plus qu'en Martinique. La banane de la Martinique qui « protégée par sa peau, protège votre santé » – pouvait-on lire sur d'immenses affiches publicitaires sur tous les murs de la capitale métropolitaine dans les années 1970 –, disparaît, peu à peu, des étalages des supermarchés, supérettes, marchés, marchands de primeurs. On n'y trouve pratiquement plus que la banane de Côte d'Ivoire ou du Cameroun. Peu importe. Jusqu'à présent, il ne s'est pas affolé. Il n'aura pas à beaucoup se creuser la tête pour trouver des idées de conversion. Avec les subventions qu'il devrait recevoir pour la perte de ses exploitations agricoles, il est probable qu'il s'en tire même fort bien. Fort heureusement, il est loin d'avoir mis tous ses œufs dans le même panier. Il n'a qu'à se dépêcher de faire un profit maximum dans les autres secteurs d'activité, avant l'effondrement complet de l'économie, et de planquer son pognon à l'étranger, ce qu'il faisait déjà. Pour l'heure, il faut qu'il assure ses arrières, qu'il se prépare à battre en retraite.

Tous sont dans les mêmes dispositions d'esprit. Aucun, parmi eux, ne sera pris de court. Il leur reste encore de beaux jours devant eux, même s'ils finiront par devoir quitter ce pays, qui leur est si cher à tous.

La nuit est tombée et la lumière, maintenant, jaillit de partout.

Après les allocutions d'usage, monsieur Guy déclare les agapes ouvertes, et tous se retrouvent sous l'immense véranda, autour du gargantuesque buffet, magnifiquement décoré, sur lequel Da Nanie jette un regard satisfait. La nappe damassée ne mesure pas moins de six mètres de long : c'est elle qui l'entretient, ainsi que le linge de maison des beaux jours. Et elle y tient ! Jamais cette nappe n'a été malmenée par la machine à laver. Les rares fois où la nappe est sortie du placard, Da Nanie la fait bouillir, la passe au bleu et à l'ablani[33], ce qui lui conserve, au fil des ans, cette inimitable blancheur, sans avoir besoin de recourir à toutes ces lessives dont on vante – mensongèrement, elle en est sûre – les mérites pour obtenir ce « blanc plus blanc que blanc » tant recherché. Aucune tache ne lui résiste. Le repassage de ces pièces rares est également sa spécialité. Madame Stéphanie ne transigeait pas avec les faux plis. Da Nanie, même après sa mort, a toujours continué à ne leur faire aucune concession. Elle ne laisse non plus, à personne, le soin de l'entretien de l'argenterie et des

[33] Mettre le linge « à l'ablani » consiste à l'étendre au soleil et à l'arroser régulièrement d'eau savonneuse.

chandeliers qui étincellent sur la nappe. Nul autre ne sait, comme elle, leur redonner, sous d'énergiques caresses, l'éclat du neuf.

Les mets les plus fins et les plus savoureux exhalent de délicats parfums et rivalisent de couleurs avec les compositions florales. Anthuria, oiseaux du paradis, roses porcelaine, alpinia, héliconia, dans une étreinte étroite et chaleureuse, font la cour aux lys, roses, œillets, glaïeuls… Les buissons de langoustes et d'écrevisses, également écarlates, tendent, au centre de la longue table rectangulaire, leurs antennes enchevêtrées, pour les premiers, et leurs *gros mordants*, désormais inoffensifs, pour les seconds. Pour les bouches délicates, ils s'offrent en fricassée, en miettes, en salade ou sur canapés. La *giraumonade* fume, dans la soupière en porcelaine de Sèvres, belle pièce de la vaisselle transmise de génération en génération. Les gratins de fruit à pain, de banane jaune, de *christophine* font bon ménage avec le soufflé de pomme de terre. Les saveurs européennes se mêlent aux saveurs créoles. Le saumon regarde la *chiquetaille* de morue de haut, le chevreuil toise le ragoût de cabri, sans qu'aucun emporte davantage la faveur des invités : les uns et les autres sont, à foison, livrés en pâture aux convives qui les dégustent du bout de leurs lèvres blasées. Même Da Nanie et la domesticité ont cessé, depuis longtemps déjà, de s'émerveiller de cette abondance, de cet étalage de luxe. Le buffet des douceurs des îles, en revanche, est un succès auprès des enfants : glaces, tablettes coco, doucelettes, nougats *pays*, *lotchio*, *tòtòt papaye*… disputent le haut de l'affiche aux glaces menthe-chocolat, fraise, forêts noires, truffes chocolat, calissons d'Aix… Le gâteau des mariés : un mont-blanc,[34] nargue le fraisier et la charlotte aux poires.

[34] *Gâteau coco* : spécialité locale.

Les meilleurs crus de vin et de champagne passent, sans transition, de la fraîcheur et de l'ombre des caves à la chaleur humide des gosiers. Les cadavres des rhums agricoles médaillés, blancs, ambrés, vieillis en fût de chêne, s'alignent sur le buffet des boissons. Décidément, il y a du laisser-aller dans le service, aujourd'hui !

Anselme et sa troupe ont donc choisi ce jour pour camper devant la demeure avec tambours, *chachas*[35], *cornes de lambis*[36] et *ti-bwa*[37]. Monsieur Guy feint de les ignorer. Ils se calmeront bien tout seul ! Tant qu'ils n'empêchent ni l'accès, ni la sortie des lieux, et qu'ils ne pénètrent pas dans la propriété !

En réponse aux échos de la musique qui leur parvient, les rebelles répondent par des chants et des salves de tambours tantôt lancinants, tantôt galopants.

Un bref appel à un service de vigiles a fait accourir une dizaine d'individus en civil qui surveillent, discrètement, les abords.

M. le préfet, ami de la famille, invité à la noce, a rapidement et furtivement quitté l'habitation pour rejoindre son QG, à la préfecture. On ne sait jamais, mieux vaut se tenir prêt. Si la situation dégénère, nul doute qu'ils la contrôleront. Des renforts sont déjà prévus. Ils ont pour ordre de ne pas intervenir, sauf si certains tentent d'envahir la maison. Mais Anselme et sa troupe se contentent de faire retentir les tambours, encore plus fort, à chaque arrivée d'un nouvel invité. Les sarcasmes fusent, mais des invectives aux menaces, le pas n'est pas franchi. Ils défient le monde béké. Tandis que

[35] Petites calebasses que l'on remplit de graines et que l'on secoue en rythme.
[36] Conque de gros coquillage comestible dans laquelle on souffle pour produire des sons.
[37] Percussions créoles.

biguines et mazurkas se succèdent, le son des tambours, net, insolent, redouble d'intensité. Monsieur Guy, malgré les apparences, est inquiet. Mais il ne veut pas risquer de mettre le feu aux poudres en faisant appel aux forces de l'ordre pour faire détaler ces gredins. Il reste très partagé, quant à ses sentiments pour ceux sans qui il ne saurait vivre. Ces mots (« trublions », « agitateurs », « apprentis anarchistes », « révolutionnaires »), qu'il emploie aujourd'hui par dérision, avec ceux de sa caste, pour qualifier ces hommes et ces femmes, il les utilise sans les avoir intériorisés. Il a toujours eu, avec eux, des rapports très particuliers, faits de distance en même temps que de familiarité, de condescendance en même temps que de respect. Il n'a ni haine ni mépris pour eux : ils font partie intégrante de sa vie ; ils font partie des siens, tout en étant autres.

Depuis un certain temps, déjà, le monde agricole n'a plus connu d'affrontements sanglants, mais les pires incidents sont encore présents dans toutes les mémoires : pas question, pour monsieur Guy, de faire rebondir l'histoire chez lui, en ce jour.

À l'entrée de la plantation, les avis sont partagés. Certains sont partisans de durcir le mouvement, d'autres conseillent d'avoir monsieur à l'usure, d'autres enfin appellent au dialogue. Mais ces derniers sont minoritaires. Dialoguer sur quoi, d'ailleurs ? Le mal est fait. Le mouvement spontané, sans revendication, sans syndicat, sans parti politique, n'est que réprobation, et n'a pour autre but que de signifier aux patrons que trop, c'est trop, qu'il faut arrêter de prendre les gens pour des imbéciles, que c'en est assez du mépris de leurs intérêts, de leur santé. Dans la domesticité aussi, le ton est à la révolte. Tous manifestent de la sympathie pour le mouvement de la classe noire. L'enthousiasme, dans le service, est tiède, et les sourires figés. La tension gagne du terrain.

Da Nanie se tient sagement en dehors des débats, pour ne pas être prise à partie. Elle laisse la jeune génération maîtresse de son destin.

Le chlordécone vole la vedette aux mariés. Par petits groupes, sur la véranda, dans le jardin, dans la maison, on ne parle plus que de cela. Nul ne peut nier que le chlordécone a tout *foutu en l'air*. On va à la catastrophe ! Ce pesticide miracle est le secret de la rentabilité des plantations ; mais les planteurs semblent en avoir sous estimé les effets néfastes. Cela fait plus de trente ans que l'on intoxique les Martiniquais en toute impunité, alors que ce poison a été interdit aux États-Unis il y a trente ans déjà.

Anselme a réussi à gâcher la fête, au point que celle-ci est finalement écourtée, chacun ayant hâte de regagner son chez-soi et de laisser monsieur Guy se dépatouiller avec ses ouvriers.

Entre-temps, le scoop s'est répandu à travers l'île, comme une traînée de poudre. Un vent de panique généralisée souffle. Le soir même, les petits planteurs se réunissent pour parler de la même chose, en d'autres termes. Leurs difficultés ne datent pas d'aujourd'hui, ils ont compris depuis longtemps que leur exploitation n'assurerait pas l'avenir des générations futures. Et puis, qui a fait de juteux profits, pendant tout ce temps, avec le monopole de la vente du poison ? Ils décident de rejoindre les contestataires dès le lendemain.

Le lendemain, dimanche, Martin, pêcheur à Grand-Rivière, lui aussi déjà mis au courant des événements, aide Man Titine à se préparer à recevoir un éventuel client. Ensemble, ils ont créé une petite structure de restauration car la pêche ne rapportait plus de quoi vivre, depuis quelques années déjà. Le commerce est rapidement devenu florissant, et l'afflux de touristes leur laisse espérer de belles recettes. Le dimanche, sous la véranda, ils font salle comble. Des tables en plastique ont remplacé les planches en contreplaqué supportées par des tréteaux. De jolies nappes en tissu, à carreaux rouges et blancs, ont détrôné les toiles cirées dont les couleurs avaient pâli. Martin a fini par construire un poulailler pour parquer la volaille qui, auparavant, se pavanait librement jusqu'à s'aventurer, pour les plus audacieuses des poules, presque sur les pieds des clients. La maison a été fraîchement repeinte, elle prend de l'allure. Un beau panneau publicitaire, flambant neuf, accroche l'œil, dès l'arrivée dans la commune, et, malgré ses quelques fautes d'orthographe, attire les gens jusqu'au restaurant. La petite cuisine extérieure, reconstruite en dur, ne cachait rien de l'activité qui s'y déroule, aux regards critiques. Les clients apprécient la cuisine familiale que l'on sert ici, l'accueil bon enfant, la bonhomie et la simplicité de la patronne que l'on recherche pour son grand rire franc, son allure fière, sa démarche chaloupée. La nature sauvage et préservée de ce petit bout du monde, fouetté par les vents et les courants, en fait une étape touristique pittoresque, incontournable. On y vient voir les spectaculaires départs et arrivées de pêche, et admirer les enfants qui défiaient les vagues en surfant sur des troncs de *bois flot*. Il faut savoir négocier avec ces vagues qui déferlent, énormes, et avec la forte houle, pour prendre le large sans se faire violemment renverser ni se fracasser sur la côte, au retour. Cette prouesse, les pêcheurs et les enfants l'accomplissaient ici au quotidien. Seuls les natifs de la commune osaient s'aventurer dans cette mer dangereuse.

Mais aujourd'hui, Martin et Man Titine ont vainement attendu les clients. Une véritable paranoïa semble s'être emparée de l'île. Les écrevisses, spécialités locales, sont considérées comme suspectes. Les poissons sont devenus suspects. Tous les cours d'eau sont pollués, dit-on. Et, comme la rivière se jette à la mer…

Les touristes allaient-ils éviter la Martinique comme ils fuyaient les pays en guerre, ceux où le terrorisme sévissait, les pays où le chikungunya faisait des ravages, ceux que le choléra dévastait ? Pas un client à l'horizon ! Quant à la population locale, inutile de compter sur elle. Elle se rabat sur le poisson surgelé venu des eaux lointaines. Seuls les vieux conservent, comme si de rien n'était, leurs habitudes alimentaires. Eux n'ont plus rien à perdre, pensent-ils :

« *Si mwen té pou mò, mwen té ké ja mò* ![38] *Ki moun ki di yo ki pwason lòtbò-a pa polué*[39] », disaient-ils.

Martin risque de faire faillite, c'est sûr ! Pas d'autre issue que de transformer son restaurant en chambres d'hôte garantissant, non plus une cuisine fraîcheur, une cuisine bio, mais une cuisine garantie : « Produits importés ». Il y pense sérieusement. Mais une fois la méfiance installée, peut-on regagner les clients ? Nul n'a de solution fiable à proposer. Le problème dépasse leurs compétences individuelles.

Ce dimanche soir, comme à l'accoutumée, les marins pêcheurs se retrouvent sous les halles du marché vide.

« *Sé fòt bétjé a* ![40]» vocifère Victor, le président de la coopérative des pêcheurs.

Le mouvement des ouvriers agricoles sur l'habitation du Mont-Vert focalise toutes les discussions.

« *An nou ay* ![41]disent-ils à l'unisson.

— *Bétjé a ka fouté pa mal di nou* ![42]», dit Gaby.

---

[38] « Si je devais mourir, je serais déjà mort. »

[39] « Qui leur a dit que le poisson importé n'était pas pollué ? »

[40] « C'est la faute au béké ! »

[41] « Allons ! »

[42] « Le béké se fout pas mal de nous ! »

En fin de soirée, ils conviennent de rallier le mouvement dès le lendemain.

Ce même dimanche, descendue très tôt de Fonds-Saint-Denis, Man Doudou essaye de vendre la marchandise qu'elle n'a pu écouler, la veille, sur le marché de Saint-Pierre. Man Doudou était, naguère, très recherchée pour la qualité et la fraîcheur de ses produits. Mais à présent, la production de Fonds-Saint-Denis, le grenier de l'île, n'est plus épargnée par la paranoïa ambiante.

Man Doudou n'a qu'un petit jardin qu'elle exploite, seule, derrière sa case. Elle parvient néanmoins à en vivre et à élever, seule aussi, ses cinq enfants. Man Doudou possède un certain talent artistique. Sur le marché de Saint-Pierre, elle n'installait jamais ses produits en vrac. Cela amuse ses consœurs, de la voir faire : entre deux rangées de choux de chine, une rangée de bananes naines ; à côté du chou pommé, un beau tas, en pyramide, de grosses tomates bien rouges, pour la couleur ! Le fragile corossol côtoie l'oranger de la papaye. Pourtant, Man Doudou voit, avec désespoir, sa clientèle se détourner de ses produits maraîchers. De quoi vivra-t-elle, si cela continue ? La banane noircit sur les étals ; les racines raidissent. Elle a beau les enterrer, à son retour du marché, pour leur conserver un aspect de fraîcheur, c'est elle qui finit par les manger, et par jeter le surplus aux cochons : c'est à peine concevable ! Certes, ainsi, le chaudron est toujours plein de légumes : la chair est rare, dans les gamelles, mais ce n'est pas la famine.

« *Yo vini fou* ![43]» s'indigne Man Doudou.

Elle a beau répéter que sa production est exempte de chlordécone, cette saleté, que la banane, ironie du sort, sauf à

[43] « Ils sont devenus fous ! »

en consommer la peau, échappe à la contamination, la méfiance est bel et bien installée.

« *Tout tè a polué*[44], lui répondait-on.

— *Pa ta mwen* ![45]

— *La pli a menm polué* ![46] »

Contrairement à d'autres, elle n'a pas cultivé son jardin sur un ancien champ de bananes, et il n'y a pas de champs à proximité ; mais il est vrai que la pollution peut se propager par le ruissellement des eaux, et l'épandage par voie aérienne étend sa nocivité au-delà des champs visés. Mais de quoi se nourrir, alors ? se demande Man Doudou.

La morue, passe encore : elle vient de trop loin pour être suspecte. Mais avec quoi mangera-t-elle sa morue salée ? Des pommes de terre ? Quelle misère ! Comme si les pommes de terre pouvaient remplacer la saveur de l'igname, de la patate douce, du chou dur, du *dachine*[47], son alimentation quotidienne. Et le fruit à pain, sur son arbre, il puise bien sa nourriture de la terre ?

« *Nou fini bat* »[48], ne cesse-t-elle de répéter.

Devrait-elle envisager d'ouvrir un petit commerce ? Elle se débrouillerait comme elle pourrait, avec la vente à crédit de riz, pâte, semoule, haricots blancs et rouges, boîtes de petits pois, de sardines, maquereaux, huile, allumettes, pétrole, eau minérale – de France, s'il vous plaît… Les sources aussi sont polluées. On ne boira plus de Chanflor ou de Didier ?… Mais tout ce qui vient d'ailleurs est-il sans danger ? Qu'en

---

[44] « Toute la terre est polluée. »

[45] « Pas la mienne ! »

[46] « La pluie, elle-même, est polluée ! »

[47] Racines.

[48] « Nous sommes finis. » Littéralement : « Nous avons fini de battre », sans doute en référence aux battements du cœur.

savent-ils ? Ça les rassure ? Bon ! C'est dit ! Elle ouvrira un *Débit de la Régie*[49].

Sur le marché, bien moins fréquenté que le samedi, les langues s'agitent, des quelques marchandes fidèles au poste. Elles aussi parlent du mouvement des ouvriers agricoles. Et ces *fanm doubout*[50] n'ont pas leur langue dans leur poche !

« *Nou pa ka vann, an nou épi yo* ! »[51]

Elles sont toutes d'accord pour converger vers l'habitation dès le lendemain.

Amédée, venu veiller sur son bétail, avec les quelques éleveurs de bovins qu'il rencontre ce dimanche sur les flancs de la montagne Pelée, commente, avec beaucoup de verve, les événements de la veille. Lui aussi s'inquiète désormais pour son avenir, car les soupçons de la population touchent jusqu'à la viande locale, et pour cause : la bioconcentration dans la viande et le poisson est de l'ordre du possible, peut-on lire dans la presse. C'est là une bonne affaire pour les importateurs. Ce n'est pas lui qui, avec sa femme et ses six enfants, va manger tout son cheptel. Les moutons, cabris, qu'il élève à proximité de chez lui, à Ajoupa Bouillon, mangent eux aussi de l'herbe, n'est-ce pas ? Elle est polluée. Les poules picorent à même le sol, et les cochons mangent de la banane (avec la peau). Eux aussi deviennent suspects. Comment faire ? Il ne peut tout de même pas les nourrir exclusivement de pain, de maïs et de farines animales ! Cela ne rassurerait personne, et surtout pas lui. Tout le monde se souvient de la vache folle.

---

[49] Nom des petits commerces de détail, installés autrefois sur les plantations, qui permettaient aux exploitants de reprendre d'une main ce qu'ils avaient donné de l'autre, le jour de la paye. Ce nom a perduré, dans certains coins reculés.

[50] Femmes « debout ».

[51] « Nous ne vendons pas. Rejoignons-les ! »

Mais alors ? Cela signifie-t-il qu'il n'y a pas d'issue ? Ils peuvent, certes, consommer le petit bétail, mais à quoi utiliser le gros ? Des promenades à dos de vache sur les flancs de la montagne Pelée ?…

Et que va devenir le petit commerce de sa femme, sur le parking de la montagne ? Elle propose aux touristes des petits en-cas chauds. Faut-il qu'elle ne vende plus, désormais, que des hot-dogs, des crêpes, des gaufres, du thé, du café et du chocolat chaud ? Faut-il qu'elle pose sur le comptoir, bien en évidence, des briques de lait importé, pour qu'aucune suspicion ne s'installe quant à la provenance de ses produits d'origine animale ? Et pour les grillades ? Faudra-t-il qu'elle sorte les produits congelés de leurs sacs hermétiques, au fur et à mesure, sous le nez des clients, pour les rassurer ?

Les éleveurs se quittent, après avoir décidé de grossir la troupe des rebelles dès le lendemain.

Le jour dit, cinquante petits planteurs, Martin et une délégation de pêcheurs, Man Doudou et la moitié des marchandes du marché de Saint-Pierre, Amédée et dix éleveurs du Nord Atlantique, se dirigent vers l'habitation Mont-Vert, bien décidés à dire deux mots, quatre paroles au béké. Puis arrivent, le surlendemain, en renfort, d'autres manifestants et, par un effet boule de neige, les habitants du sud de l'île qui, bien que moins concernés par le phénomène, commencent néanmoins à en subir les répercussions.

Ainsi, au bout d'une semaine, monsieur Guy se retrouve cerné par dix mille Martiniquais, selon les sources officielles, vingt mille, selon les syndicats, qui, venus du nord, du sud, de l'est et de l'ouest, s'empressent de venir récupérer la manifestation. Monsieur Guy est séquestré, sans violence. Bizarrement, le mouvement ne s'étend pas aux autres plantations, même les syndicats échouent à le faire déborder. Tous sont tenus en respect par celui qui reste le *mèt pyès* de l'affaire : Anselme ne s'en laisse pas conter. On dirait que monsieur Guy a été désigné comme le bouc émissaire de sa caste – à moins qu'Anselme et lui ne soient en train de régler un compte personnel. Personne ne saisit tout à fait cet affrontement silencieux. Aucun ne croit qu'Anselme et monsieur Guy puissent avoir peur l'un de l'autre. Les troupes trépignent :

« *Ou pè bétjé a* ! »[52] lui dit Victorin, un jeune coq nerveux, impatient d'en découdre. Un *palaviré*[53] suffit à le faire rentrer définitivement dans le rang et s'incliner devant le détenteur du titre de major : Anselme n'est pas prêt à se laisser détrôner. Personne ne reconnaissait Anselme, le meneur de troupes, le leader des affrontements sur le port, le déclencheur de grèves dures.

Personne, non plus, ne reconnaît monsieur Guy. Moins arrogant que son père, plus conciliant, aussi, sans pour autant avoir été jamais impressionné par le moindre contestataire, fût-il le plus hardi, parmi ses employés, il sait faire preuve de fermeté, et, surtout, il a toujours eu le don de les emballer et de les mettre dans ses grandes poches. Il faut dire que monsieur n'est pas un mauvais bougre. C'est juste un béké.

Si les forces de l'ordre ne comprennent pas pourquoi monsieur Guy leur demande formellement de ne pas intervenir, elles en sont néanmoins soulagées. Postées depuis des jours, non loin du terrain de bataille, le plus discrètement possible, elles assistent, impuissantes, à la transformation, par ces deux hommes, d'un conflit racial en bras de fer. Dépassées par les événements, elles ont pour seul objectif de tout faire pour éviter l'émeute – la dernière, qui s'est terminée dans un bain de sang, ayant eu pour conséquence que le gouvernement

---

[52] « Tu as peur du béké ! »

[53] « Aller-retour » (gifle).

s'est vu contraint de consentir au départ définitif des CRS de la Martinique. « Surtout, aucun mort » : tel est l'ordre du préfet.

Face au mépris de monsieur Guy, des tonnes de chlordécone – sorties on ne sait d'où, puisque son utilisation est interdite depuis 1993 –, de bananes, de poissons, de produits maraîchers sont déversées devant son habitation. Comme un avertissement, des coqs égorgés sont pendus aux grilles de l'habitation : on croirait les préparatifs d'une cérémonie vaudou. De mémoire de béké, on n'avait jamais vu cela. Mais monsieur Guy ne s'en inquiète pas :

« Ils seront plus vite incommodés que moi », conclut-il.

La maison est, en effet, éloignée de l'entrée de deux cents mètres.

Le préfet, dans son bureau climatisé, triturant ses lunettes de la main droite, se passe convulsivement la gauche sur un visage rendu cramoisi par un récent coup de soleil. De toute évidence, ses prochains week-ends ne se passeront pas, comme le précédent, sur le yacht de monsieur de Belle-île. On l'avait pourtant prévenu, que son mandat ne serait pas de tout repos, que le climat social à la Martinique était déplorable, et les conflits, nombreux. Il peste. Quel cadeau, pour un premier mandat exotique !

En communication permanente avec le ministère de l'Intérieur, il n'en a pas moins le sentiment d'être largué, livré à lui-même. On lui laisse l'entière responsabilité de la décision à prendre. Il risque sa tête. Certains représentants des forces de l'ordre lui proposent une intervention musclée : on ne va tout de même pas toujours tout leur passer, comme à des enfants gâtés ! Force doit rester à la loi. Ses conseillers préconisent le dialogue, l'apaisement : la moindre étincelle peut mettre le feu aux poudres, il faut négocier.

Mais négocier quoi ? Avec l'arrivée des syndicats, peu à peu, les revendications ont afflué. Et elles vont crescendo, comme si un vieux contentieux, au-delà du problème actuel, incontestable, et de la légitimité de ce mécontentement, devait être réglé, par la même occasion. Tout se passe comme si ce contentieux était tellement lourd qu'il aveuglait les esprits, laissant tout le monde d'accord sur ce seul point : demander le maximum.

Les réunions préfectorales se succèdent et se ressemblent. Les négociations piétinent. Sachant qu'il était avéré que la quasi-totalité de la population est, pour ainsi dire, imprégnée par ce pesticide… ainsi que par la centaine d'autres dont on se souvient soudain ; qu'outre le risque de cancer, des troubles neurologiques, hépatiques, rénaux, endocriniens… semblent pouvoir survenir ; que, probablement, cet empoisonnement aura des répercussions sur les générations futures, les demandes d'indemnisation en tous genres, pour ce désastre sanitaire, atteignent des sommets – tellement inaccessibles, en fait, que l'on se demande si une volonté de mettre un terme au conflit existe vraiment.

Cela fait maintenant trois semaines que monsieur Guy n'a pas quitté son habitation, ni fait mine d'aller négocier le retrait des squatters. Son comité d'accueil, de plus en plus nombreux, est de mieux en mieux organisé. Des tentes ont été dressées. La population, aux petits soins pour les assiégeants, leur apporte des repas chauds, des boissons, et vient partager leur quotidien quelques instants, le temps d'un repas, d'une partie de belote ou de domino, d'un *battle* de tambour…

Au vingt-deuxième jour, de sa véranda, monsieur Guy constate que les troupes ont encore grossi. Pris d'une soudaine colère, perdant tout contrôle, à grandes enjambées, il emprunte l'allée centrale bordée de palmiers royaux.

« *Eh ! Vini ou la si ou sé an nonm ! Ou fèt kon an rat. Nou pé ké kité ou chapé. Ou awogan. Nou ké montré ou ki moun ki mèt* »[54], l'invective Anselme.

Le sang de monsieur Guy ne fait qu'un tour. Il se dirige vers la grille, décidé à faire taire ce morveux prétentieux de quarante-quatre ans. Il en a, quant à lui, soixante-dix.

L'accrochage est violent, la joute verbale – à base d'insultes réciproques –, impitoyable. Tous deux se montrent également grossiers et vulgaires : là, ils sont à égalité. Ils sont à deux doigts de s'empoigner à travers la grille, que les comparses du major font mine de secouer, bien qu'elle n'oscille pas d'un millimètre. L'excitation générale est à son comble, les menaces fusent :

« *Nou kay krasé sa. Nou kay krasé ou* ![55]

— *Sé sa nou ké wè*[56] », leur crie monsieur Guy, dont le visage, tiqueté comme une figue[57] mûre, a viré au rouge.

Puis il tourne les talons et s'en retourne vers la maison, à grands pas rageurs.

Les moqueries et les provocations redoublent d'intensité, les tambours reprennent du service avec frénésie :

« *Ou kayé*[58]*. Vini ou la !* »

Da Nanie le voit décrocher sa carabine du mur du couloir ; détacher la clé de la grille de son clou, sur le côté du porche ; libérer le chien de sa chaîne et retourner à l'affrontement.

De toute la force de ses vieilles jambes fatiguées, elle court pour le rattraper. Peine perdue. Il est déjà à la grille.

---

[54] « Eh ! Viens là si tu es un homme ! Tu es fait comme un rat ! Nous ne te laisserons pas partir ! Tu es arrogant ! Nous te montrerons qui est le maître ! »

[55] « Nous allons écraser ça. Nous allons t'écraser ! »

[56] « C'est ce que nous allons voir ! »

[57] Nom donné aux bananes, aux Antilles.

[58] « Tu te désistes. »

Après avoir planté son regard d'acier dans les yeux furieux d'Anselme, dans une ultime provocation, monsieur Guy ouvre le portail. Le chien jaune, un chien créole hargneux, agressif avec les inconnus et doux comme un agneau avec les enfants, au moment même où il s'apprêtait à bondir, est abattu d'un seul coup de *boutou* (gourdin).

Tandis que Victorin incite la foule à pénétrer, à sa suite, dans la maison, Anselme lui fait barrage de son corps et leur intime de ne pas bouger tant qu'il n'aura pas donné le signal de l'assaut.

« *Sé li èk mwen. Apré sé ta zot* ! »[59]

Anselme, menaçant, lève son coutelas. Monsieur Guy ne recule pas d'un pas, et pointe son fusil.

Man Nanie est enfin à leur portée. Elle glisse son corps menu entre les deux armes. Anselme, tête rasée, le buste nu luisant de sueur, les jambes de son pantalon de toile beige retroussées jusqu'en dessous du genou, est tendu comme un arc.

Monsieur Guy, dressé comme un coq sur ses ergots, le défie du regard, du haut de son mètre quatre-vingt-deux, tout en minceur. Sa chemise, boutonnée à la hâte, pendouille d'un côté sur son bermuda kaki. Tous deux sont pieds nus. En avançant l'un vers l'autre, ils ont laissé, derrière eux, leurs tongs.

Man Nanie, qui tourne le dos à monsieur Guy, fait face à Anselme en hurlant :

« *Pa tjwé papa'w* ! »[60]

Derrière eux, tous se tiennent immobiles et silencieux.

Devant le regard incrédule d'Anselme, elle ajoute, dans un murmure :

« *Sé papa'w !* »[61]

---

[59] « C'est lui et moi. Après, il sera à vous ! »

[60] « Ne tue pas ton père ! »

Anselme s'en doutait depuis longtemps, mais il en refusait l'évidence.

Bien sûr, il ne pouvait pas ne pas avoir remarqué la sollicitude dont il avait été l'objet. Tous ces cadeaux. Toutes ces fêtes, non seulement financées, mais organisées, au sein même de l'habitation, par monsieur Guy, avec la participation active de madame. Une sainte femme, disait Nanie. Madame Stéphanie aidait même Anselme dans ses devoirs scolaires, lui rappelant sans cesse que l'instruction était la voie royale pour sortir de sa condition.

Le résultat était qu'il n'avait conçu qu'animosité pour cette famille. Il était révolté contre l'attitude servile de sa mère, qui avait préféré rester dans cette maison, et avec ces gens, alors qu'il pouvait lui procurer une vieillesse modeste mais heureuse à ses côtés. Il savait que Man Nanie, comme lui, avait quitté l'habitation, quelques mois après ses dix-neuf ans. Pourquoi ? Elle ne le lui avait pas dit. Elle ne parlait pas de sa vie de misère de l'époque. Elle lui avait seulement confié qu'elle avait loué ses services en tant que serveuse dans un des bars à marins qui fleurissaient alors sur la route de Sainte-Thérèse, et que c'était à cette occasion qu'elle était « tombée enceinte » d'un marin de passage dont elle n'avait jamais pu lui dire ni le nom, ni la nationalité. Elle se justifiait ainsi, face à l'étonnement de tous et d'Anselme, d'avoir mis au monde un enfant aussi clair de peau et d'yeux que les siens étaient noirs. Trois ans plus tard, elle était de retour à la plantation. Les uns et les autres n'avaient pas été sans remarquer que, malgré leurs taquineries, Man Nanie n'avait plus jamais noué son madras, sur ses cheveux tirés en arrière, qu'en deux bouts, signifiant ainsi que son cœur, qui n'était pourtant pas pris, n'était pas à prendre. Ce détail, apparemment anodin, avait laissé supposer à Anselme, depuis son

---

[61] « C'est ton père ! »

plus jeune âge, que cet épisode de la vie de sa mère l'avait profondément blessée. Il s'était donc contenté de la maigre explication qu'elle voulait bien lui donner, et ne l'avait jamais harcelée de questions.

Face à la détermination et au regard implorant de cette femme encore bien *doubout*, les deux protagonistes jettent les armes. Monsieur Guy s'écroule, terrassé par une crise cardiaque. Le combat cesse, faute de combattants.

Quelques jours plus tard, Anselme quitte le pays et réalise enfin un vieux projet : il part au Panama, retrouver des descendants de ceux des membres de sa famille qui étaient partis en masse, à l'époque de la construction du canal. Nombre d'entre eux y ont péri. Ce chantier meurtrier a coûté beaucoup de sueur et de sang, avant son ouverture, en 1914. Certains étaient, ensuite, rentrés au pays ; d'autres se sont définitivement expatriés.

Anselme y trouve du travail, s'installe, épouse une belle Costaricaine qui met au monde un petit *chabin*, au caractère très affirmé. Il promet d'être un sacré rebelle, comme son père. Non loin de là, monsieur Guy finit ses jours, après une longue convalescence, dans sa résidence secondaire, au Costa Rica.

En Martinique, les esprits se sont calmés, la tension est retombée. Chacun à l'air de croire que tout va pour le mieux dans le meilleur des mondes, malgré les rapports sanitaires plus qu'inquiétants. Mais l'État français va prendre les choses en mains, alors…

Les années passent.

Monsieur Adolphe a repris les affaires de son grand-père. Elles prospèrent. Il a découvert un nouveau filon : il importe de Chine de la nourriture pour bétail, des protéines de riz et de maïs. On a en effet parqué les ovins, volailles et bovidés qui ne pouvaient plus se régaler de l'herbe verte de l'hivernage, ou sèche du carême ; ne pouvaient plus s'abriter du soleil sous les manguiers imposants ni se réchauffer à ses rayons, après une bonne pluie providentielle ou une tempête dévastatrice. L'herbe doit se régénérer, le sol, se purger de ses toxines. Mais cela prendra du temps. On ne dispose d'aucune autre solution de dépollution. Alors, en attendant, monsieur Adolphe fait fortune avec cette alimentation pour animaux, qu'il importe à faible coût et revend au prix fort. Il est l'importateur et le distributeur exclusif. Les Martiniquais sont rassurés que les viandes soient, de nouveau, garanties sans risque pour la consommation. Ce qu'ils ne savent pas, et qu'ils ne sauront que très tard, quand monsieur Adolphe aura eu le temps de bien se remplir les poches, c'est que cette alimentation contient de la mélanine, nocive pour l'homme.

De même, le commerce d'alimentation de monsieur Adolphe prospère. Son chiffre d'affaires avait été multiplié par cent parce que le choix des consommateurs s'est reporté sur une nourriture stérilisée, lyophilisée, sous vide, en boîte plastique, métallique, sous emballage carton… donc, à leurs yeux, saine. Ce qu'ils n'apprendront que bien plus tard, c'est que cette alimentation provient, elle aussi, pour les trois quarts, de Chine – ce qui permet à monsieur Adolphe de se ménager une belle marge financière. Même dans celle conditionnée en France, si on les avait analysés, on aurait retrouvé, en plus des nombreux stabilisants, colorants, exhausteurs de goût, conservateurs, antioxydants, des composants, eux aussi importés de Chine, et contenant un taux de pesticides deux fois supérieur au taux autorisé. Mais les études sérieuses ne font que commencer.

Dix ans plus tard, les journaux titreront : « La Martinique empoisonnée par la Chine ? » D'autres continueront à titrer :

« Qui a empoisonné la Martinique ? » en montrant du doigt la famille de Mont-Vert.

Vingt-quatre ans après le départ d'Anselme, Anasthase, le *ti-chabin*[62], 1,90 mètre, aussi baraqué que son père, débarquera à l'aéroport Aimé Césaire, bien décidé à reprendre le flambeau de la guerre contre les empoisonneurs de l'île, et à la gagner !

Mais qui empoisonne la Martinique ?

[62] Martiniquais à la peau claire.

Soukous' (la menace oubliée)

Djab-la était devenu fou. Complètement fou !

D'une noirceur d'encre, sans un seul poil blanc ou roux, les yeux jaunes, d'une énergie hors du commun, même pour un chat, il portait bien son nom, particulièrement aujourd'hui.

Je m'étais laissé dire que, parfois, les chats devenaient dangereusement hystériques lorsque, par exemple, ils étaient enfermés dans un espace exigu. L'espace que nous partagions ne lui avait jamais semblé, jusqu'alors, trop limité. Alors quoi ? Impuissante, paniquée, je l'observais en me tenant, prudemment, à distance.

Il lacérait le fauteuil, s'agrippait aux rideaux, y grimpait jusqu'à la tringle, se laissait tomber lourdement sur le sol, sautait d'un meuble à l'autre en faisant dégringoler tout ce qui s'y trouvait, lui qui se déplaçait, habituellement, avec l'adresse bien connue des chats, sans rien bousculer. Sa démence s'amplifiait. J'étais incapable de l'apaiser. Je le regardais faire, muette, pétrifiée.

Deux minutes plus tard, une secousse ! Une terrible secousse que je n'identifiai pas d'emblée. Elle se fit plus précise, plus intense. Tout oscillait, tout bougeait. La terre semblait vouloir se dérober sous mes pieds. Je compris enfin : un séisme ! Après un coup d'œil rapide à l'horloge – 15 heures, en ce jeudi 29 novembre 2007 –, je me précipitai sous la table de la salle à manger, suivant, à la lettre, les consignes de sécurité. Djab-la me rejoignit, effrayé mais soudain calmé. Il émit un miaulement rauque et vint se blottir contre moi, enfouissant sa tête sous mon bras. Je craignais qu'il ne me lacère s'il était, à nouveau, pris de folie, mais n'eus pas le cœur de le repousser. Il tremblait de tout son corps. Sa présence me rassurait, tout compte fait, mais autour de moi, c'était le désastre. Des meubles se renversaient, le lustre s'était écrasé sur la table qui semblait vouloir décoller. Ses quatre pattes étaient prises de soubresauts. La vaisselle se brisait dans le vaisselier. J'extirpai de ma mémoire les quelques bribes de prières que j'y avais enfouies. Sait-on jamais !

Interminable ! La peur pure, brute, non maîtrisable ! La peur irraisonnée de la mort ! Je transpirais la peur de tous mes pores. Je n'avais plus conscience de mon corps. Je n'étais plus que peur !

« Assez ! Assez ! Assez », murmurai-je au séisme (ou à une puissance plus forte encore ?). On ne s'y habitue jamais, malgré, en moyenne, dix séismes par an. De cette amplitude, je n'en avais jamais connu ! Cette île, bénie, disait-on, de Dieu, parce qu'on y priait beaucoup, cumulait néanmoins les risques sismique, volcanique, cyclonique, et d'inondation. Tout pour plaire ! Mais ne dit-on pas que la misère est moins pénible au soleil ! Au moins, les autres risques sont prévisibles ! Celui-là arrive en traître, sans crier gare !

Ne me sentant plus en sécurité sous ma table qui bondissait au-dessus de moi, je me réfugiai dans la salle de bains, Djab-la sur les talons. Je m'apprêtais à lui fermer la porte au nez. Pas question de me retrouver seule avec ce fou dans ce réduit ! Mais, plus rapide que moi, il s'était déjà faufilé entre mes jambes. Cette fois encore, je n'eus pas le cœur de le rejeter. Il était redevenu étonnamment calme. À peine le temps de me blottir dans un coin, que c'était fini ! Ouf ! J'attendis encore quelques minutes. Je savais qu'il ne fallait pas se fier au calme après les secousses, elles pouvaient reprendre de plus belle. Sage précaution. Elles avaient, en effet, repris. Je mis les mains sur mes oreilles. Les bruits de chute, les grincements, les craquements sinistres décuplaient l'intensité (déjà suffisamment dramatique) des secousses. Je les comptais : trente en tout ! Lorsque, enfin, elles cessèrent pour de bon, je me découvris prisonnière. La porte avait sans doute bougé. Elle ne s'ouvrait plus.

J'eus beau la secouer, l'agresser de violents coups de pieds et de poings, rien n'y faisait. Bloquée, elle était bloquée et j'étais bloquée là, avec mon chat, de façon ridicule dans mes toilettes. J'eus beau taper contre les murs, le sol, le plafond, hurler, nul ne m'entendait.

Lorsque j'avais emménagé dans cet appartement, mon premier souci avait été de le faire insonoriser du sol au plafond. Mon intolérance au bruit me jouait un mauvais tour. La qualité de l'insonorisation que j'avais fait réaliser s'avérait parfaite, et tournait à mon désavantage.

Pour la première fois, je regrettais cette initiative. Et puis, le séisme avait dû provoquer un tel remue-ménage dans le voisinage que le moment n'était pas propice pour m'époumoner. Ce serait peine perdue.

Le téléphone sonnait, sûrement pour prendre les derniers *milan*[63]. Que ne pouvais-je répondre ! J'en pleurai de rage, puis de découragement. Je m'apitoyais sur mon sort, ma solitude. Qui s'inquiétera ? Au bout de combien de temps quelqu'un daignera-t-il se soucier de mon absence, de mon silence ? J'étais tellement indépendante ! Je pris, à l'occasion, bien des résolutions.

Profitant du silence de la nuit, je repris, de plus belle, mes appels au secours. Peut-être serai-je enfin entendue. Rien n'y fit. Cette ultime tentative n'eut pour résultat que d'affoler davantage Djab-là. Il ne s'agissait pas d'échapper à la mort par asphyxie, ou le manque de nourriture, pour mourir déchi-

[63] Ragots.

quetée par un minou plus doux du tout. Je me résignai à attendre un improbable sauvetage.

Toute la nuit, je ressassai le ridicule de la situation. J'étais informée de ce que l'on peut survivre longtemps à condition de boire. Je bus donc sans soif. Djab-la dédaignait l'eau et même les caresses. Il semblait déprimé (si tant est qu'un chat puisse être déprimé). Je lui parlais doucement. Je me rassurais moi-même. Au fond de moi, quelque chose comme un instinct de survie me soufflait que je ne pouvais pas mourir de faim, là. Ce serait simplement l'aventure la plus ridicule de mon existence ! Pourrais-je mourir faute d'aération et de renouvellement de l'air ? Aucune bouche d'air, dans cette pièce. Je pestais contre les constructeurs. De temps en temps, j'allais vérifier que la porte ne changeait pas d'avis. Mais elle persévérait dans son entêtement.

Le lendemain matin, surprise de m'être (malgré le tragique de la situation) un peu assoupie, je crus percevoir, enfin, des bruits dans le couloir. Sauvée, j'allais être sauvée. Je hurlai encore plus fort.

Derrière la porte d'entrée, enfin un brouhaha perceptible, puis des cris : « Police ! dégagez ! bélier ! » suivis de grands coups de boutoir. Je ne rêvais pas : on enfonçait la porte. Elle s'ouvrit à grand fracas. Impatients de découvrir un flagrant délit, ils étaient déjà entrés.

Elle est ouverte, la porte ! Bande d'idiots ! La journée, en effet, ma porte n'était jamais fermée à clé. Je ne donnais deux tours de clé qu'au moment d'aller me coucher. Le quartier était sûr. Nous ne vivions pas, dans l'inquiétude. J'avais la flemme de verrouiller, déverrouiller, reverrouiller. Lorsque quelqu'un sonnait à la porte, s'il s'agissait d'un inconnu, il restait sur le seuil. Dans ces cas-là, je me déplaçais. Mes amis qui, eux, connaissaient mes habitudes, toquaient, ouvraient et criaient un « Tu es là ? » avant d'entrer.

« Ne bougez pas ! Manifestez-vous ! Vous êtes cernés ! »

De grosses voix aboyaient des ordres au vent. Je me remis à crier à perdre haleine :

« Je suis ici ! Je suis coincée.

— Ouvrez !

— Mais je vous dis que je suis coincée. Je voudrais bien l'ouvrir, cette porte, mais elle s'y refuse !

— Éloignez-vous de la porte, nous l'enfonçons ! »

« Quelle manie, pensai-je. Ils ne peuvent imaginer un autre moyen ? »

Mais je répondis :

« Mais c'est justement ce que je vous demande depuis un moment !

— Et levez les mains ! »

D'un coup, d'un seul, la porte s'ouvrit. Dos au mur, je me laissai glisser sur le sol. Une fois assise par terre, couvris mon visage de mes mains et laissai échapper mes larmes. Dieu soit loué !

« Gardez les mains en l'air !

— Oui, oui, répondis-je, agacée. Mais que faites-vous ici ?

— Brigade anticriminalité.

— Brigade quoi ? dis-je, incrédule.

— Suivez-nous ! »

J'appris de leur bouche, après qu'ils m'eurent, tout en me regardant avec méfiance, conduite au salon, qu'ils recherchaient un dangereux malfaiteur.

« Un dangereux malfaiteur, chez moi ? Mais qui, qu'a-t-il fait ? »

Mes questions fusaient.

« C'est nous qui posons les questions ! »

Ils me cuisinaient. Ils voulaient savoir ce que je savais mais refusaient de me livrer ce qu'eux savaient. Ils roulaient des mécaniques. L'heure n'était pas à la plaisanterie, mais je les trouvais cocasses. Particulièrement le petit, sec et nerveux, qui tripotait sa moustache avec tendresse. Je venais de vivre une expérience tellement pénible que le caractère inquiétant de leur présence chez moi m'échappait totalement. Je n'avais même pas assez de ressort pour m'insurger contre les méthodes qu'ils avaient employées pour s'introduire chez moi. Après tout, ils m'avaient rendu service, et je n'avais rien à me reprocher. Ce n'était qu'un malentendu, ils se rendraient vite à l'évidence !

Avec beaucoup de réserves, ils finirent par m'informer des raisons de leur « visite ».

Ils venaient de constater un flagrant délit, et s'apprêtaient à procéder à l'arrestation du malfaiteur, lorsque le séisme s'était déclenché. Profitant de la panique générale, il leur avait échappé. Ils ne s'étaient pas, pour autant, laissés semer.

« Bravo ! » pensai-je, ironique.

Ils l'avaient vu pénétrer dans cet immeuble.

« Re-bravo », repensai-je.

Ils avaient cerné le bâtiment. Sûr ! Il n'en était pas ressorti ! Ils avaient fouillé l'immeuble de fond en comble, du toit à la cave, et étaient restés en faction toute la nuit, attendant l'ordre et l'heure de perquisition. Ils venaient nous interpeller : celui que je cachais et moi, sa complice. Il ne pouvait être que chez moi.

Les yeux écarquillés, la bouche béatement ouverte, je devais avoir l'air le plus stupide que j'aie jamais eu. Je bégayais, ne trouvais pas mes mots.

« Moi, protéger un criminel ! Vous faites erreur. Vous, vous êtes fourvoyés. »

Que pouvais-je leur dire de persuasif ? Ils me regardaient, dubitatifs. Je les sentais, malgré tout, ébranlés. Hommes de devoir, ils s'appliquèrent, néanmoins, avec zèle, à passer l'appartement au crible.

Ils ne trouvèrent, bien évidemment, rien ni personne de suspect.

« On l'emmène au poste, dit l'un d'entre eux, sans doute tout excité à la perspective d'une promotion.

— Mais vous n'y pensez pas ! Pour quel motif ?

— Les témoignages concordent. Vous connaissez cet homme ! Mais je vous rassure, nous ne vous mettrons pas en garde à vue…

— Il ne manquerait plus que cela !

— Il s'agit juste de vous entendre.

— Parce que vous ne m'avez pas entendue, là, à l'instant ?

— Si, mais nous devons prendre votre déposition.

— Mais quelle déposition ? Je n'ai rien à déclarer, rien à révéler ! Vous en doutez encore ? »

Mon sang ne fit qu'un tour, et je faillis perdre patience, mais le soulagement d'avoir été délivrée l'emporta : je les suivis docilement.

Au poste, même celui qui avait voulu « faire son intéressant » dut se rendre à l'évidence : aucune charge ne pouvait être retenue contre moi, aucune preuve de ma complicité, uniquement des arguments en faveur de mon honnêteté, de mon intégrité, de ma bonne foi.

« Bon, bon, laisse tomber, lui dit son collègue. Pas de bavure, non plus ! »

Visiblement contrarié, il tourna les talons en ronchonnant :

« Révolutionnaire, je t'en ficherais, moi, des révolutions…

— Révolutionnaire ? »

Mais je m'abstins de tout commentaire. J'avais juste hâte de m'en aller. Il ne s'agissait pas de relancer le débat.

« Excuses, madame, me dit le petit sec, mais l'enquête continue. Tenez-vous à notre disposition.

— C'est ça, oui ! dis-je avec insolence. Merci tout de même de m'avoir sauvée d'une mort horrible par suffocation et/ou faim. Merci de votre venue ! »

De retour du commissariat, les « maquerelles » de service, m'attendaient avec un air faussement compassé. Certaines papotaient devant l'entrée de l'immeuble. Les autres me guettaient, sans doute depuis mon départ, *en bas persiennes*, leur poste d'observation favori.

Le regard fuyant, le sourire affecté, elles m'interrogèrent :

« Alors, ma pôv', ils ne vous ont pas trop embêtée ?

— Pourquoi donc ? Je n'ai rien à me reprocher, et vous ?

— Nous, pourquoi ?

— Au fait, c'est mon cadavre desséché que vous auriez retrouvé, un jour, s'ils n'étaient venus, car j'étais coincée dans mes toilettes depuis le séisme. À mourir de rire, non ?

— Ah bon ? ma pôv', si nous avions su ! »

« Quand on ne sait pas, on la ferme », eus-je envie de leur répondre. »

« Et vous, tout va bien, chez vous, pas de dégâts ? »

À l'unisson, elles s'apprêtaient à m'assommer avec les derniers ragots. Il ne fallait pas attendre d'elles la moindre information sans une pincée de malveillance, une poignée de médisance. D'un geste de la main, je leur signifiai que, tout compte fait, cela ne m'intéressait pas, et passai avec arrogance au milieu du groupe, déconfit, que je privais ainsi d'une bonne occasion de commérage.

De retour à l'appartement, je retrouvai un Djab-la pitoyable, qui me miaulait ses reproches.

« Oui, pardon de t'avoir ainsi négligé. »

J'ouvris une boîte de pâté, la lui servis avec solennité, posai, à côté, une coupelle d'eau, et lui caressai le dos, tandis qu'il se précipitait sur sa gamelle avec un ronronnement de remerciement.

Je n'avais pas envie de manger, moi qui avais eu peur de mourir de faim !

Une douche, vite, bien tiède, avant de m'affaler sur le sofa de ma chambre. Fébrilement, je feuilletai le quotidien local que j'avais acheté avant de rentrer. J'y recherchais des informations concernant l'évasion de *mon* malfaiteur (« multirécidiviste », m'avait-on précisé au poste de police). Rien. Le bilan de la catastrophe, par contre, était plutôt réconfortant. Les dommages étaient assez limités, eu égard à la magnitude du séisme (7,4 sur l'échelle de Richter, annonçait l'observatoire volcanologique et sismologique, soit une intensité V-VI). « La menace oubliée », titrait le journal, en retraçant l'historique des grands séismes. Une page entière était consacrée au séisme de 1839 qui, avec un record d'intensité (IX), avait fait des milliers de victimes, trois cents morts, et détruit la quasi-totalité des habitations de la capitale, appelée alors Fort-Royal. Eh bien ! Nous l'avions échappé belle. Je poursuivis ma lecture. Le séisme, intraplaque, était trop profond (150 kilomètres, environ), nous expliquait-on, pour engendrer un tsunami. Je n'osais même pas imaginer une telle horreur. La frayeur que j'avais eue était déjà bien suffisante.

J'appris aussi que des centaines de personnes avaient été victimes de malaises et blessures diverses dont six blessés par défenestration. Par chance, on ne recensait qu'un mort. Il avait succombé à une crise cardiaque. Rien à voir avec toutes les causes et raisons fantaisistes ébruitées par les commères de service, d'une intensité dramatique évidemment bien plus « intéressante ».

Je refermai le journal sur la conclusion inquiétante d'une étude réalisée pour le compte du ministère de l'Environnement. Un séisme de plus forte intensité, avertissait-elle, pourrait être particulièrement meurtrier, en raison de la densité de la population et de la mauvaise qualité d'une grande partie des bâtiments (y compris publics). Leur pronostic était de dix mille morts, avec la destruction de soixante-dix pour cent des constructions individuelles.

« N'anticipons pas, pensai-je. J'ai eu mon compte pour aujourd'hui. »

J'eus, soudain, un « coup de pompe ». Pas étonnant, après une nuit presque sans sommeil : « Allez, un petit somme ! » J'envoyai valser mes tatanes. Lentement, le cœur battant, je dirigeai, à nouveau, mon regard vers leur lieu d'atterrissage. Quelque chose avait retenu mon attention. Elles étaient dans un face-à-face avec des intrus de la même espèce qu'elles. Une paire de pataugas inconnue, unisexe, de pointure à peine supérieure à la mienne, gisait près de la fenêtre ouverte. Il était visible qu'elles avaient été quittées précipitamment – l'une, comme si elle s'apprêtait à s'enfuir, l'autre, sur le dos, comme une tortue en déséquilibre sur sa carapace, impuissante à se retourner.

L'autre élément étonnant était cette fenêtre ouverte. Elle était fermée avant le séisme, j'en étais certaine. Je ne l'ouvrais que quand j'étais dans ma chambre : le matin ; à l'heure du ménage ; et le soir, avant de me coucher. Cela faisait partie de mes petits rituels. Se pouvait-il que le séisme, capricieux, se soit amusé à fermer des portes et ouvrir des fenêtres ? J'avais du mal à l'admettre. Je ne pouvais que formuler d'autres hypothèses, plus plausibles. Mais je m'y refusai, jusqu'à ce que mon esprit rationnel exige que je trouve une explication. Je n'allais tout de même pas rappeler les policiers pour leur demander s'ils avaient ouvert la fenêtre ! Je m'approchai de la baie vitrée, l'examinai sous toutes ses coutures. Ma manie du nettoyage en profondeur me faisait, habituellement, détecter le moindre détail inhabituel, la moindre trace suspecte. Je poussai le culot jusqu'à grimper sur le rebord de la fenêtre. Ce qui ne pouvait se faire, dans la précipitation, qu'en prenant appui aux montants ainsi que je venais de le faire, et en posant le pied à l'endroit où je l'avais posé. Et il s'était posé, à peu de chose près, sur la marque, à peine discernable, que mes yeux de ménagère méticuleuse avaient pourtant repérée.

Il s'était sauvé par là ! Le salaud ! Il ne m'avait pas délivrée, et pour cause ! Il avait préféré profiter de mon impuissance pour abuser d'une hospitalité volée.

J'étais angoissée, à l'idée d'être injustement mêlée à une affaire qui ne me concernait pas.

Jouant les détectives privés, je notai alors tous les détails qui m'avaient jusqu'alors échappé. L'indiscret visiteur avait fait le pique-assiette. Il avait eu le culot de s'arroger le droit de goûter, avant moi, la tarte aux lambis que j'avais eu à peine le temps de sortir du four et de poser sur la table de la cuisine avant le séisme. Mon frigo avait été délesté du jus d'ananas tout juste pressé que j'avais mis à fraîchir pour m'en délecter dans l'après-midi. Il s'était restauré à mes frais et avait couché dans mes draps. Quel toupet !

Le téléphone était à portée de main, mais pas question d'avertir la police.

« Après tout, ils ont perquisitionné. Ce n'est pas à moi de leur apprendre leur métier. Si l'affaire doit connaître des rebondissements, j'aviserai », conclus-je.

En fin d'après-midi, le serrurier vint, à ma demande, réparer les portes fracassées. Quelle ne fut pas ma stupeur lorsqu'il m'apprit que la porte des toilettes, avait, elle aussi, volé en éclats inutilement. Il était formel : impossible qu'elle ait pu être bloquée. L'examen du chambranle, du mécanisme, du pêne ne laissait planer aucun doute. Il était franchement hilare.

Vexée, je ronchonnai :

« Vous trouvez ça drôle, vous ?

— Pardon ! s'excusa-t-il, mais avouez que c'est peu banal. Vous avez paniqué, sans doute.

— Mais je vous affirme qu'il m'était impossible d'ouvrir cette porte. Ce n'est pas faute d'avoir essayé.

— Je vous crois, mais, vous savez, la peur fait parfois perdre toute raison.

— Bon ! Vous me croyez folle ?

— Non ! dit-il, tout penaud. Excusez-moi, mais je ne comprends pas.

— Moi non plus », l'interrompis-je, interdite.

J'avais la désagréable impression qu'il ne me croyait pas – pire, qu'il me soupçonnait de mensonge.

Tandis que je réglais la facture, il me dit négligemment :

« Au fait ! Vous êtes au courant, pour le malfaiteur que l'on recherche ? »

Je comprenais mieux. Il savait ! Ce qui n'avait rien d'étonnant, avec toutes ces pipelettes dans l'immeuble.

« Oui », lui répondis-je sèchement ; et, pour couper court à la conversation, je le raccompagnai à la porte.

Après son départ, j'eus besoin d'un remontant, n'importe lequel. Le mot « révolutionnaire », entendu au commissariat, me revint à l'esprit. Étant donné les circonstances, un *cuba libre* ferait l'affaire ! Je me mis à réfléchir intensément. Se pouvait-il que je sois devenue folle… de panique ? Non, impossible. De nouveau, il me fallait une explication rationnelle. Je repris mes investigations. Il ne me manquait que la loupe ! À quatre pattes, le nez rasant le sol, les murs, les meubles, les menuiseries, je cherchais *l'indice.* Rien n'y fit. Le mystère demeura entier.

Le lendemain, à la première heure, je me procurai le journal en quête d'une information.

Elle y était : « Un criminel s'est évanoui avec une facilité déconcertante dans la foule. Il n'a toujours pas été retrouvé. » Son méfait ? Une bombe lancée sur une annexe inoccupée du palais de justice, pour dénoncer le caractère arbitraire de l'arrestation d'un de ses « camarades ».

La bombe, artisanale, sans danger, n'avait occasionné que des dégâts mineurs. Suivait un appel à témoins. J'étais pétrifiée. Bruno ! Lui, un dangereux malfaiteur ! Certes, il affichait ses idées révolutionnaires. Militant indépendantiste, il avait participé, maintes fois, aux blocages du port, de l'aéroport, à l'occupation d'usines. Il avait souvent organisé des manifestations, soutenu des piquets de grève. Il avait bien souillé quelques bâtiments publics de graffitis jugés injurieux. Il avait, à son actif, quelques mises en garde à vue. En cela, l'on pouvait dire qu'il était multirécidiviste. Mais « criminel » ? le terme était abusif. Pourquoi pas terroriste, pendant qu'on y était ? Mon Bruno était tout juste un doux exalté qui militait pour un monde meilleur. Contre les injustices, il s'insurgeait, pas toujours de la bonne manière, peut-être. Il était entré en angélisme comme on entre en religion. Je comprenais ses rêves, et je les partageais, mais je n'avais pas l'âme d'une militante, et il n'avait pu me convaincre de collaborer. Ensemble, nous refaisions le monde à huis clos – heureusement, finalement. Dans quoi aurait-il pu m'entraîner !

Tout de même, j'étais curieuse de savoir ce qu'il était devenu ; j'espérais vivement qu'on ne le retrouverait pas.

Six mois plus tard, je me remémorai cette aventure, lorsque je reçus une lettre d'Argentine. Je ne connaissais personne, là-bas.

Une petite écriture fine, bien formée, droite, régulière :

Merci pour l'hébergement. Pardon de t'avoir condamnée à la réclusion momentanée dans tes toilettes et de t'avoir, sans doute, infligé une des plus grandes frousses de ta vie. J'étais en mauvaise posture. Je sais que tu ne m'aurais pas refusé ton aide, mais je ne voulais pas te mettre en danger. Me pardonneras-tu ? Tout va bien. Ici, je ne serai pas inquiété. Par mesure de sécurité, malgré la confiance que j'ai en toi, je ne peux te communiquer mon adresse. Je sais que tu comprendras...

Je souris. Sacré Bruno ! Bien sûr que je comprends, et que je te pardonne. Bonne chance !

« Chez Nana »

Julien s'est effondré. Assis par terre, au pied du petit lit de Jonathan, son fils, il pleure comme un enfant.

La journée a bien mal commencé !

Hier, déjà, il était morose – comme assailli par un pressentiment. À midi, ce mercredi 21 février 2007, Julien s'apprêtait à déjeuner sur un coin de la table de la cuisine. Seul, face à la pizza qu'il venait de se faire livrer et à un verre de Coca light, il se disait qu'il n'aimait pas la pizza, pas plus qu'il n'aimait être seul. L'appartement était calme, vide de ses occupants habituels. Seules les voix émanant de la radio y mettaient un peu d'animation. Puis, sa tristesse s'était vite envolée. Il avait même eu un sourire amusé, à l'annonce des obsèques de « Vaval », apôtre de la non-violence, mort de « pleurésie sérofibrineuse ».

« Dans une heure, heureusement, je ne serai plus seul », s'était-il rappelé, soulagé.

La journée s'annonçait belle et chaude, en ce « mercredi des cendres ». Chaude parce que, sous ce climat des Antilles, on « entrait en carême », en période sèche ; chaude aussi parce que c'était le dernier jour du carnaval. La frénésie serait à son comble. La grande majorité des habitants de « l'île aux fleurs », comme toujours, allait profiter au maximum des dernières festivités carnavalesques.

Julien s'était porté volontaire, en tant que pompier bénévole, pour toute la durée du carnaval. La liesse qui rend possible, à l'occasion de cet événement culturel majeur, que toutes les couches de la population se côtoient dans la joie, se déchaînait autrefois sans incident notoire. Mais depuis quelques années, des débordements avaient lieu. Quatre-vingt mille personnes étaient attendues dans les rues de la capitale, chaque jour gras. Le service de sécurité avait dû être renforcé.

Lorsqu'il avait quitté son domicile de la rue de la République, une certaine effervescence régnait déjà dans les rues de Fort-de-France.

Il avait rejoint, à pied, son poste, sur le boulevard du Général-de-Gaulle. Il était aux premières loges pour voir passer, pendant quatre à cinq heures d'affilée, la foule en délire, qui envahissait la ville pour se « vider la tête », dans ces cavalcades effrénées que sont les *vidés*. Il devait se tenir prêt à intervenir à tout instant mais, en attendant de hisser sa vigilance à son plus haut degré d'alerte, il avait laissé son esprit vagabonder, se remémorant les jours précédents.

Les jours « gras », avaient commencé, le samedi, par le défilé, en bon ordre, des enfants des écoles, encadrés par leurs enseignants. Julien n'avait donc eu, en début de mission, que peu de souci à se faire.

Le dimanche, la fête était montée en puissance. Les chars avaient promené les « miss » en tous genres. Les orchestres de rues, *steel-bands* ou sonos assourdissantes avaient déversé les tubes du carnaval sur des rythmes endiablés. Les *tanbouyé*, dans leurs costumes chatoyants, avaient entraîné, au son de leurs tambours et d'autres percussions créoles, des « groupes à pied », qui s'étaient bousculés pour les suivre. Certains avaient choisi leurs costumes dans le respect d'un thème donné. D'autres, en laissant complètement libre cours à leur inspiration.

Les déguisements, festivals de couleurs vives, de plumes, strass, paillettes, lamés, tulles, satins et matériaux divers et insolites, avaient fait l'objet de beaucoup de recherche, que ce soit dans le sens de la beauté, de la laideur, de l'originalité, de l'extravagance ou du grotesque.

La doyenne du carnaval foyalais, quatre-vingt-dix ans, toujours bon pied, bon œil, paradait, comme tous les ans, avec autant d'entrain et de fierté, sous les applaudissements de la foule attendrie et admirative.

Le traditionnel groupe des « malpropres », constitué, pour une grande part, des bourgeois foyalais qui s'amusaient à renverser les valeurs sociales, n'avait pas manqué à l'appel : bébés criards en couche ou barboteuse, bonnet de dentelle enfoncé jusqu'aux oreilles, un biberon à la bouche ; ou personnages en « petite tenue » et déshabillé transparent, ils avaient « fait leur cinéma », en proposant au public de goûter le chocolat qu'ils touillaient dans des pots de chambre.

Les provocants *manawa*, outrageusement maquillés, quant à eux, avaient oublié, pour le temps du carnaval, la fierté de leur virilité. Ils se pavanaient en dessous affriolants qui ne cachaient leur nudité qu'*a minima.*

Le lundi, les mariages burlesques avaient égayé le public. Prêtres, maires, mariés, cortèges d'honneur, invités avaient, pour un jour, inversé les rôles. Les femmes avaient revêtu des costumes d'hommes, et vice versa. Nombreuses, ce lundi, étaient celles qui avaient eu la surprise, plus ou moins agréable, de voir un ou plusieurs membres de leur famille malmener leur robe de mariée ou une autre, de soirée, subtilisées à leur garde-robe. Mais on ne se fâche pas pendant le carnaval : les incidents sont vite clos, car tout est dérision et transgression, en cette période.

Le mardi gras, la pluie battante n'avait pas découragé les irréductibles *vidéyeurs*. Bien au contraire, l'excitation était encore montée d'un cran. Un raz-de-marée de diables, diablesses et diablotins, de rouge vêtus, avait défilé, pour certains dans un ordre parfait, pour d'autres, dans un non moins parfait *ouélélé*. Les « grands diables », dans leur costume couvert de miroirs qui brillaient au soleil, derrière leur masque à cornes, fourche à la main, avaient fait peur aux petits enfants, tout en essayant de les rassurer.

Pendant toutes ces journées, sans en être acteur, Julien avait pu, néanmoins, participer quelque peu à la fête. Et s'il avait réussi à refréner son envie de danser, il n'avait pu, en revanche, s'empêcher de fredonner discrètement, en même temps que la foule, ses refrains entraînants.

Certaines de ses connaissances l'avaient taquiné :

« Eh ! Julien ! *jòdi a ou pa ka kouri vidé ! ou pri en sa* ! »[64]

Quelques-uns de ses amis, chaque année, se déguisaient en *« nèg gwosiwo »*. Seulement vêtus d'un pagne, ils s'enduisaient le corps, de la tête aux pieds, d'un « gros sirop » : mélange de mélasse et de charbon de bois, en souvenir de leurs ancêtres, esclaves dans les plantations de canne à sucre.

Ils avaient l'habitude de tartiner, avec plus ou moins de largesse, les *carnavaliers* et spectateurs de leur mixture, aussi la foule s'écartait-elle précipitamment, sur leur passage, pour ne pas être marquée de la sorte : ainsi, ils contribuaient à « faire la circulation », dans la bonne humeur. Et ils n'avaient pas manqué de laisser, par de grandes claques amicales dans le dos, leur empreinte sur l'uniforme de Julien.

Quelques-unes de ses anciennes « doudous », profitant du carnaval pour se « lâcher », interpellaient ce beau métis au sourire éclatant et au physique de sportif, en lui faisant les yeux doux : « *Oswè a doudou* ! »[65]

S'ensuivaient des promesses, toutes plus alléchantes les unes que les autres.

---

[64] « Eh ! Julien ! Aujourd'hui, tu ne cours pas le *vidé* ! Tu es coincé ! »

[65] « Ce soir, doudou ! »

On pouvait s'attendre à tout, dans ce climat d'euphorie générale, mais il était, tout de même, surpris de leur audace.

Ses élèves, constitués, en un petit groupe, de *mèdsen lopital*[66] et *mas' lanmò*[67], avaient saisi l'occasion de le chahuter en lui lançant très généreusement de la farine, au passage :

« *Julien, jòdi a sé ta nou* ! »[68] avaient-ils chanté.

Sylviane, son épouse, enseignante, comme lui, appréciait moins ce pied de nez à son autorité et cette permissivité.

Revenant à sa triste réalité, il se lamente, se repasse le film de la veille :

« Quel génie malin a mis Julot sur ma route ? »

En ce dernier jour de liesse, les larmes avaient remplacé la pluie de la veille.

Une centaine de milliers de « parents », « amis », « alliés » et de veuves joyeuses, en demi-deuil, dans un concert de lamentations, pleuraient « Vaval », en agitant mouchoirs et branches de corossoliers aux vertus apaisantes. La fête avait atteint son paroxysme. Tout en admirant le spectacle, Julien observait, non sans inquiétude, cette marée humaine.

Il ne pouvait s'empêcher de penser que, si cette foule surchauffée s'était soudain déchaînée pour d'autres motifs que l'amusement, elle serait devenue difficile voire impossible à contenir.

Heureusement, il n'avait eu à intervenir que pour quelques malaises et entorses.

À 19 h 30, son service terminé, il s'apprêtait à rentrer chez lui après avoir assisté, au bord de mer, aux funérailles de première classe de « Vaval ». Le *« bwabwa »*, marionnette géante, à la fois roi de la fête porté triomphalement dans les rues durant tous ces jours, et tête de Turc, rendait l'âme, sur

---

[66] Médecins d'hôpital.
[67] Masques de la mort.
[68] « Ce jour est le nôtre ! »

un bûcher purificateur, au milieu duquel il se consumait rapidement en crépitant. La plate-forme qui le soutenait avait été mise à l'eau et, autour du lieu de la crémation, tambours, sonos, sifflets se déchaînaient avec l'énergie du désespoir. Les *vavaleurs* turbulents sautaient et gesticulaient dans une danse effrénée. Les endeuillés s'époumonaient.

« *Vaval, vaval sa nou fè ou pou ka kité nou* ? »[69] entendait-on chanter à droite.

« Promenons-nous, dans Fort-de-France, pendant que Sarko y est pas… Si Sarko y était, *i té ké*[70] karchérizé, hurlait-on à gauche.

Tandis que s'achevaient les jours gras, on finissait aussi de tourner, sans retenue, en dérision les personnalités, événements, faits sociaux qui faisaient la une de l'actualité et avaient fait la une du carnaval. L'approche des élections présidentielles avait, cette année, abondamment nourri l'imagination et l'esprit sarcastique des uns et des autres.

Au milieu du *toufé yenyen*[71], Julien avait aperçu Jules. Agitant son bras levé, il l'avait hélé :

« *Julot, sa ou fè* ? »[72]

Ce bon vieux Jules, surnommé affectueusement, par tous ses amis, « Julot », toujours aussi jovial et exubérant, avait couru vers lui.

Julot était visiblement heureux de le voir. Bien qu'un peu gêné, Julien était, lui aussi, heureux de cette rencontre avec un ami avec qui, durant ses folles années de jeunesse, il avait partagé tant d'aventures, dans une grande connivence (y compris de nombreux carnavals).

---

[69] « Que t'avons-nous fait pour que tu nous quittes ? »

[70] « Il aurait karchérizé. »

[71] Désigne « une foule aussi dense qu'une nuée de moucherons ».

[72] « Que deviens-tu ? »

Jules avait invité Julien à boire un verre chez lui, non loin de là, rue Victor-Hugo, dans une de ces jolies maisons créoles en bois, vestiges du passé.

« Que faites-vous ce soir ? » avait dit Jules après qu'ils eurent échangé des souvenirs autour d'un, puis deux (car on ne saurait « partir sur un pied ») *ti punch*.

« "Vous" ? Je suis seul.

— Cela ne me regarde peut-être pas, mais... où est Sylviane ?

— Elle a choisi de fuir la fièvre du centre-ville : elle s'est mise au vert, c'est le cas de le dire, chez sa mère, à la campagne, au Morne-Vert, avec Jonathan.

— Ah, bon ? Elle n'aime plus le carnaval ?

— Tu connais Sylviane ! Elle préfère les fêtes conventionnelles, de famille.

— Ah... Non, je ne la connais pas comme cela. »

Julien s'était empressé d'excuser son épouse, en ménageant son effet de surprise :

« Mais surtout, son nouvel état la malmène quelque peu...

— Son "état" ?

— Oui, depuis trois mois, nous attendons un "heureux événement" !

— Je préfère ça! Félicitations ! »

Depuis son mariage avec Sylviane, Julien avait pris ses distances avec son ami, qui en était vexé. Sylviane n'appréciait pas ce garçon trop bon vivant, ce fêtard qui, bien que marié, s'accordait de nombreuses libertés, Antoinise s'étant, semblait-il, résignée à fermer les yeux sur les incartades de son mari.

Sylviane était horripilée, quand elle l'entendait dire à qui voulait l'entendre que, ma foi, Jules n'en était pas moins un bon père et un mari responsable, qui subvenait aux besoins de sa famille avec un sens du devoir inégalé par nombre de ses congénères. Sa situation, proclamait-elle, n'était ni pire, ni meilleure que celle de beaucoup de ses amies.

Ce que Julien ne pouvait dire sans blesser son ami et sans que celui-ci juge sa femme « coincée », c'est que Sylviane appréciait de moins en moins le carnaval, qu'elle qualifiait de « fête païenne par excellence », en raison du relâchement des mœurs qui l'accompagne, débridement ayant pour corollaire la consommation abusive de boissons alcoolisées – à commencer par le sacro-saint rhum, bien sûr.

Elle voulait aussi protéger les purs, chastes yeux et innocentes oreilles de son fils de ce déballage de grossièreté, de vulgarité, d'insanité, de paillardise… Du moins, aussi longtemps que possible.

« Tu ne vas tout de même pas achever la période carnavalesque seul chez toi : c'est inconcevable ! Ça tombe bien. Je te propose une petite virée en célibataires « chez Nana ».

Julien se méfiait. Les « petites virées », comme Julot avait coutume de les appeler, se terminaient toujours, autrefois, par des nuits de bamboula effrénée. Il avait entendu parler de ces fameuses soirées *« touloulou »* (bal masqué), importées de la ville de Cayenne, en Guyane, où hommes et femmes se rendaient seuls, les hommes à visage découvert, les femmes, incognito. Elles se transformaient en personnages énigmatiques costumés, masqués, gantés, travestissant leur voix. Peu farouches, à ce que l'on disait, elles dansaient d'une manière suggestive qui mettait les hommes au supplice. Ces nuits-là, toutes étaient à égalité, toutes avaient leur chance de séduire. C'étaient elles qui menaient le bal, et malheur à qui chercherait à découvrir l'identité de l'une de ces « belles ».

Julien n'était pas très enthousiaste :

« Ce jeu me paraît équivoque, voire malsain. Et puis, cette sortie n'était pas prévue au programme. »

Il ne s'était même pas interrogé sur le fait de savoir ce qu'en penserait Sylviane. Il le savait déjà.

Pour couper court aux hésitations de Julien, Jules l'avait rassuré :

« J'ai l'habitude de participer à ces soirées depuis qu'on les pratique, en Martinique. Elles sont bon enfant. On s'y amuse beaucoup. Je connais bien les organisateurs. Il est déjà tard. Nous n'y passerons, de toutes les façons, que trois heures au maximum. Nous aurons juste le temps de boire quelques verres, tout en profitant de l'ambiance. Rien de plus ! »

La fête, en effet, devait se terminer à minuit, pour permettre une entrée *sage* et sobre en période de carême.

Julien hésitait encore. Jules avait alors interpellé Antoinise, qui n'était pas intervenue, jusque-là :

« Dis-lui, toi ! Peut-être qu'il te croira. N'est-ce pas qu'elles sont bien, ces soirées ? »

Elle avait accompagné son mari, l'année précédente, « chez Nana » – brisant d'ailleurs ainsi le mystère au fondement de ces bals.

« Oui ! Ces soirées-là sont de bon ton. Ce n'est en fait qu'une version édulcorée des soirées guyanaises. »

Tandis qu'elle parlait, Julien la regardait d'un œil nouveau. Comme Sylviane, Antoinise n'était pas d'une beauté rare, mais elle avait du charme. Elles avaient le même physique agréable à regarder, les mêmes rondeurs bien placées, qui plaisaient tant aux hommes antillais. Mais là s'arrêtait la ressemblance. Sylviane n'avait pas du tout le même tempérament. C'est pourquoi, malgré la grande amitié qui l'avait liée à Antoinise, elle avait pris soin d'éloigner son mari de Jules, dont elle jugeait l'amitié dangereuse pour leur couple.

« Prétendument guyanaises, avait repris Jules. En fait, cette tradition effectue son retour aux sources après avoir été exportée par les pionniers martiniquais partis « à la conquête » de la Guyane.

— Je confirme, avait renchéri Julien. Ces bals étaient très courus, à Saint-Pierre, alors capitale de l'île, à l'occasion de son carnaval, d'ailleurs réputé pour son faste.

— Et la vengeance divine s'est abattue sur le “petit Paris”. L'éruption de la montagne Pelée l'a anéanti, le dimanche 8 mai 1902, à 8 heures du matin.

— Le grand nettoyage ! Trente mille âmes condamnées pour débauche avérée. C'est ce qu'ont affirmé les autorités religieuses et les bien-pensants, avait poursuivi Julien.

— Et que l'on entend encore, avait ajouté Jules.

— Ironie du sort, seule une âme a été épargnée. Celle d'un prisonnier de droit commun.

— Oui, Cyparis. Condamné mais pas damné, puisqu'il a été protégé, dans son cachot, en sous-sol, de la nuée ardente…

— Qui, en quelques secondes, a rasé toute trace de vie sur une surface de soixante kilomètres carrés.

— Tu m'étonnes ! quatre cents degrés !

— Quarante à soixante fois la déflagration d'Hiroshima !

— Mais aura-t-il jamais connu le bonheur du rescapé ?

— Je crains que non. Le cirque Barnum l'a donné en spectacle, aux États-Unis, comme un animal de foire. Il y a fini sa vie. A-t-il même vu du pays, dans ses pérégrinations ?

— En tout cas, jamais plus, je pense, il n'aura connu de carnaval.

— Toujours est-il que Saint-Pierre n'a jamais connu le renouveau de son carnaval, et que notre carnaval foyalais, malgré sa beauté, n'égalera jamais le carnaval pierrotin d'antan.

— Mais que cela ne nous empêche pas de nous amuser ! Pour l'heure, la montagne Pelée est momentanément calmée. Ce n'est pas ce soir qu'elle se réveillera, et même si, par extraordinaire, cela arrivait, à Fort-de-France, nous sommes à l'abri de ses colères. Alors, M. le professeur, après ce cours magistral, « chez Nana », c'est d'accord ? »

Julien avait fini par se laisser tenter. Il ne s'agissait pas de traîner ! Il était déjà 20 h 30 ! Il était retourné chez lui, quelques rues plus loin, avait pris une douche rapide, s'était habillé en noir et blanc, mais de façon classique, sans recherche particulière. À 21 h 15, il finissait tout juste de se préparer, lorsque le klaxon comminatoire de Jules l'avertit que son ami était déjà en train de l'attendre. Il avait quitté la maison en courant pour s'engouffrer dans la voiture.

À peine installé dans le véhicule, il avait été repris, à son propre étonnement, par l'excitation des virées d'autrefois.

« J'ai bien fait d'accepter », avait-il pensé.

Toute crainte et toute culpabilité s'étaient envolées lorsqu'ils avaient atteint le lieu de la fête, dans les hauteurs, surplombant la mer, de la ville de Schoelcher, toute proche de la capitale. Après avoir présenté Julien, Jules avait payé les entrées. Ils avaient traversé un magnifique jardin, impeccablement entretenu. On accédait à la maison, une belle demeure coloniale en dur, par une allée que délimitaient deux rangées de palmiers royaux, éclairés par des flambeaux de bambou. De chaque côté du bâtiment, inondé de lumière, un arbre du voyageur étalait ses feuilles en éventail, comme en signe de bienvenue. Une haie d'hibiscus habillait le grillage de la clôture. L'espace vert était piqué, çà et là, de massifs d'oiseaux du paradis, de bougainvillées taillés en forme de vasques, de goyaviers, de papayers. Bien d'autres espèces de plantes florales, ainsi que d'arbres fruitiers, poussaient dans un harmonieux et artistique assemblage.

Criquets et grenouilles babillaient bruyamment, poursuivant eux aussi leur carnaval habituel. Autour de la piscine, de nombreux invités sirotaient joyeusement des verres d'alcool et de jus de fruits.

Dans la salle de danse, une immense salle, haute de plafond, très aérée, grâce à ses grandes fenêtres en bois à persiennes toutes ouvertes, la fête battait son plein. Les femmes *« touloulou »* se déhanchaient frénétiquement. Julien vit des couples évoluer, sur un beau carrelage ancien, dans un spectaculaire « collé-serré », mais, dans l'ensemble, l'ambiance lui parut, comme l'avait assuré Jules, tout à fait « convenable ». Les costumes étaient magnifiques ; les femmes, d'une grande élégance ; les hommes n'étaient pas en reste ; Julien, lui, était rasséréné.

Très à l'aise, Julot l'avait vite quitté :

« Fais comme chez toi, mon vieux. »

Il était partout dans son élément, Jules, s'était souvenu Julien.

Constatant qu'il ne connaissait personne, cette soirée étant, à l'évidence, une soirée d'habitués, Julien s'était fait servir un verre au bar avant de se rendre sous la tonnelle, dans le jardin. La nuit était belle et tiède. Les alizés, paresseux, se ménageaient en soufflant faiblement. Le jasmin embaumait l'air de son parfum entêtant. De l'endroit où il se trouvait, il pouvait admirer le spectacle.

Puis, la fraîcheur s'étant installée, il s'était levé, dans l'intention d'aller s'asseoir sur la terrasse. Mais une *« touloulou »*, sans un mot, l'avait pris par la main. Il s'était laissé entraîner sur la piste de danse. Il ne s'agissait pas de refuser, il le savait. Rien ne pouvait lui laisser deviner comment était celle avec qui il était en train de danser. Sa cavalière était aussi grande que lui, mais il ne pouvait présumer, sous son costume aux multiples jupons, si elle était mince ou grosse ; belle ou laide, derrière son masque ; blanche, noire ou métisse ; jeune ou vieille ; encore moins si elle était mulâtresse, capresse, *chabine*[73], *chapé* coolie[74] ou… *rien*, rien ne pouvait lui laisser deviner comment était celle avec qui il était en train de danser. Il avait trouvé cela déconcertant. Elle lui avait parlé à l'oreille d'une voix grave, sensuelle, tout en déguisant sa voix. À une plaisanterie de Julien, elle avait éclaté de rire, d'un rire tonitruant qui exhalait une haleine de tabac brun mêlé au rhum. La « belle », de plus, avait négligé un détail : sous son masque, un espace de peau que ne couvrait pas la voilette trop courte laissait échapper quelques poils de barbe. Julien, furieux, avait fait un bond en arrière. Ses yeux marquaient l'horreur et le dégoût. L'autre, ne dissimulant plus sa voix masculine, continuait à rire de bon cœur. Très vexé, Julien s'était retenu, *in extremis*, de mettre son poing dans la figure de ce *makoumè*[75]. Il avait finalement maîtrisé sa colère et s'était éloigné de l'imposteur.

Une nouvelle *« touloulou »* lui avait alors saisi le bras avec autorité. De fort méchante humeur, il avait bien failli l'envoyer promener rudement, mais il s'était calmé et avait décliné, poliment, l'invitation.

Elle l'avait rassuré, *illico*, sur son *genre*, sur ses intentions tout à fait « respectables » : elle avait suivi toute la scène et compris ce qui se passait. Malgré l'envie qu'il avait de la rabrouer, Julien, ne voulant pas se faire remarquer, s'était laissé amadouer par ses roucoulades.

Ils avaient donc dansé et Julien y avait pris, malgré lui, un plaisir infini. Cela faisait longtemps qu'il n'avait ressenti pareil trouble. Depuis… Depuis… depuis son premier émoi

---

[73] Blonde des îles.

[74] Métissée indienne.

[75] Homosexuel.

amoureux pour Sylviane, au cours d'une soirée carnavalesque où ils avaient passé toute la nuit ensemble. Surpris et honteux d'une telle pensée, il s'était ressaisi. Il avait mis une distance prudente entre eux pour se détacher, en esprit, du bonheur qu'il éprouvait à être dans les bras d'une femme qu'il ne connaissait pas et, surtout, dans les bras d'une autre femme que la sienne.

La belle s'était enhardie, sans vulgarité, tout en langueur, tout en sensualité. Il avait senti ses défenses faiblir. Son cœur s'était mis à battre à un rythme accéléré, ses idées s'étaient brouillées. Leurs corps s'étaient dangereusement rapprochés. Elle s'était blottie contre lui, avait fini par nicher sa tête au creux de son épaule. Il ne l'avait pas repoussée. Il n'en avait pas du tout envie. Il était littéralement sous le charme. Leurs corps avaient fini par s'épouser complètement. Ils avaient tangué de concert, vibré en harmonie. À travers l'étoffe de son vêtement, il avait senti sa vivante chaleur. Il s'était enivré de son parfum subtil. Sa cavalière, souple, docile, l'avait suivi dans toutes les fantaisies de ses pas et mouvements. Il s'était embarqué, clandestinement, dans cette chaloupe au doux balancement. Il n'avait même pas tenté de résister lorsque sa conquête imprévue l'avait entraîné au dehors. Un abri de jardin avait hébergé leur furtif, leur fugace amour. Elle s'était offerte et abandonnée totalement. L'intensité de cette brève « escarmouche » avait été telle qu'il en avait été chamboulé. Leurs corps habillés s'étaient séparés avec regret. Elle était partie, sans un mot.

Il l'avait laissée s'éloigner avant de sortir du cabanon. Il avait fait le tour de la maison, histoire de se remettre de ses émotions et avait, soudain, eu envie de quitter les lieux. Il n'était pas fier de lui, pas fier de sa conduite à l'égard de cette inconnue, pourtant consentante.

Il avait regagné la salle et cherché Jules. Il était 23 h 30. Il voulait rentrer. Il avait aussi cherché des yeux sa partenaire d'un instant pour lui signaler son départ par un petit signe discret. Il ne voulait pas passer pour un goujat.

Nulle trace d'elle. Il avait attendu un peu, puis exploré les alentours de la villa. Elle s'était volatilisée. Il s'était alors remis en quête de Jules. Il avait aisément repéré la perruque et le justaucorps moulant blancs, les bas résille noirs que Jules avait choisi de porter ce soir-là, sans complexe. Il s'amusait, quant à lui, comme un petit fou.

« Je ne vais pas lui gâcher cette dernière demi-heure de frénésie avec mes états d'âme, s'était dit Julien en s'allongeant dans un hamac, sur la véranda. Pour moi, c'est "*violon adan sak*"[76], comme on dit », avait-il murmuré avant de s'endormir.

Lorsqu'il s'était réveillé, il était 2 h 30 du matin.

« Eh bien, les traditions se perdent. Les violons dans le sac à minuit, c'est du passé ! »

Cette fois, il était bien décidé à rentrer, que Jules le veuille ou non. Son ami, qu'il avait retrouvé sans peine, était, lui aussi, enfin prêt à partir :

« *Ou paré* ?[77]

— Je t'attendais !

— Eh bien, *an nou* ![78] »

Jules était en pleine forme. Il était heureux, joyeux. Dans la voiture, pour couper court à son bavardage, Julien avait fermé les yeux et fait semblant de somnoler.

De retour chez lui, prétextant la fatigue, il avait quitté Jules rapidement. Il n'avait plus du tout sommeil. Sylviane venait de sauter, à pieds joints, dans son esprit engourdi.

---

[76] « La fête est terminée. »

[77] « Tu es prêt ? »

[78] « Allons-nous-en ! »

Il ne savait ni ne voulait mentir. Si Sylviane l'interrogeait sur son emploi du temps, les efforts qu'il ferait pour se composer un visage le trahiraient. À coup sûr, elle se rendrait compte de sa gêne. Elle ne le connaissait que trop. Et s'il essayait d'éluder, ses dérobades ne pourraient qu'attiser ses soupçons. Si, au contraire, il jouait la carte de la loyauté, il lui infligerait une cruelle déception. Ne serait-ce pas faire montre de délicatesse que de lui éviter cette blessure ? Il s'était souvenu brutalement… que son couple, un an plus tôt, avait quelque peu « battu de l'aile ». Julien, certes, était « rentré dans les rangs », après une jeunesse mouvementée, mais il avait, une fois marié, eu encore quelques écarts de conduite. Il prenait grand soin d'être discret, et ne prolongeait jamais une relation au-delà de quelques « petites gâteries ». Aussi jugeait-il qu'il n'y avait pas de quoi en faire tout un plat – et, en effet, Sylviane n'en faisait pas tout un plat. Elle n'était pas une femme à la jalousie tyrannique et inquisitrice, mais elle avait des principes sur lesquels elle ne transigeait pas. Par-dessus tout, elle avait le culte de la fidélité. Sans être trop rigide ou puritaine, elle restait très attachée à certaines valeurs. Intelligente, cultivée, « de bonne famille », elle était ce que l'on pourrait appeler une femme « sérieuse ». C'est pour ce sérieux que Julien l'avait aimée. L'éducation religieuse qu'elle avait reçue renforçait ses convictions. Bonne mère, bonne épouse, c'était une femme de devoir, et elle attendait de lui qu'il soit digne de sa confiance.

Ils avaient reçu la même éducation, mais lui avait été élevé avec beaucoup plus de tolérance, voire de complaisance, à l'égard du libertinage masculin. Son entourage, y compris féminin, se montrait indulgent vis-à-vis des hommes ayant « les yeux clairs », ceux qui multiplient les conquêtes féminines. Les yeux clairs, il les avait effectivement, mais désormais, davantage au propre qu'au figuré.

Sylviane, après la dernière aventure dont elle avait été au courant (il ne savait toujours comment), lui avait, calmement mais très fermement, fixé un ultimatum :

« Je ne supporterai plus une seule trahison, Julien ! Si tu ne peux être fidèle, nous ne vieillirons pas ensemble.

— Plus jamais, je te le jure ! »

Depuis, il avait tenu parole – à l'exception de cette nuit.

Après avoir invoqué le ciel, prié le Seigneur, Marie, Joseph, tous les anges et tous les saints, de protéger le secret de cette incartade, il s'était dirigé vers sa chambre pour prendre le repos, sinon mérité, du moins nécessaire pour être frais et dispos au retour de Sylviane et Jonathan, en fin d'après-midi.

Lorsqu'il avait ouvert la porte, là, en face de lui, comme un vivant reproche, sur le mannequin de couture de Sylviane, fièrement campé sur son socle de bois, il avait reconnu le costume de la belle inconnue.

Embrassant la pièce du regard, il s'était aperçu que l'armoire, aux battants grands ouverts, était vide d'une bonne partie des affaires de Sylviane.

Dans la chambre de leur fils, dans laquelle il s'était ensuite précipité – et dans laquelle il est là, en ce moment, comme un pantin désarticulé –, la même scène s'était offerte à lui. Les tiroirs de la commode avaient été vidés de leur contenu.

Son Jonathan, qui lui ressemble tant, du cadre photo accroché au mur, lui sourit avec une moue angélique.

An nou chanté nwèl !

« *An nou chanté nwèl* ! »[79]

L'appel résonne de maison en maison, dans la campagne de Verrier. Il signale que la caravane est en marche. Elle s'est ébranlée à 19 heures, plus tôt que d'habitude. Mais ce soir, on déroge à la coutume. M. le maire en est responsable. Avec M. le curé, ils se sont âprement querellés, à ce sujet. M. le maire voulait, pour la première fois, offrir à ses administrés un Noël exceptionnel, dont ils se souviendraient longtemps. M. le curé tenait à ce que, ce Noël, comme tous les autres, se déroule selon la tradition. Ils en étaient arrivés à ne plus s'adresser la parole. Il avait fallu du temps avant qu'ils ne consentent à se remettre à la table des négociations. Après maintes discussions et chamailleries, ils avaient fini par trouver un compromis.

Le village de Bellefontaine, avec ses presque mille cinq cents âmes, avait réussi à conserver son mode de vie traditionnel. Plus encore que dans le bourg, à Verrier, le temps semblait n'avoir pas prise sur les traditions. À six kilomètres du bourg, six cents mètres d'altitude, il faisait bon vivre. Les habitants de cette campagne n'étaient pas que voisins, ils formaient une grande famille. Man Ninise en était le *potomitan*[80].

---

[79] « Chantons Noël ! »

[80] Pilier.

Ainsi qu'elle le fait depuis des décennies, elle conduit la caravane. À soixante-sept ans, c'est la reine incontestée des *chanté nwèl*. La bande joyeuse, composée des quinze membres de sa tribu et d'une dizaine de voisins, s'est regroupée chez elle. Après une collation et un ti-punch, la troupe, tambours battants, serpente d'un bon pas, jusque chez Marinette, puis chez les uns et les autres. Le même rituel s'y déroule : cantiques de Noël, rhum « pour l'arroser », *chròb*[81], liqueur de coco, *pâtés cochon*, jambon de Noël, boudin.

Sur le chemin, la pâle lueur des lampes de poche est déjà un luxe dont on pourrait se dispenser, et dont on se passait autrefois ; d'autant plus qu'en cette période, la voûte céleste est, le plus souvent, superbement étoilée. Ce n'est pas le cas aujourd'hui. Il fait nuit noire, *noire comme hier au soir.* Peu leur importe. Ils pourraient contourner, les yeux fermés, tous les accidents du parcours.

Dans chacune des maisons visitées, debout, carnet de chants à la main, chacun s'égosille au rythme des tanbous, *ti bois, chacha*[82], et de tout ce qu'il a pu trouver : tout fait l'affaire ! Bouteilles, verres, cuillères, fourchettes, tout ce qui peut faire du bruit donne la mesure. Le recueil de chants ne sert que de mémoire annexe. Tous les connaissent quasiment par cœur, ces vieux cantiques français, cuisinés à la sauce créole, avec force épices : de « Venez divin Messie » à « Oh, la bonne nouvelle » en passant par « Minuit chrétien », suivi de « Dans le calme de la nuit, s'est entendu un grand bruit », ponctué, d'une voix plus forte, par un : *« Blogodo ! »*

---

[81] Punch à base d'écorces d'oranges séchées.
[82] Sortes de maracas.

Joseph, au passage, n'a pas été ménagé. « Joseph mon cher fidèle » a été repris dans une version « moins catholique » : « *A fòs Joseph té boulé, Joseph dòmi déwò.* »[83]

Lorsqu'ils entonnent « Michaud veillait, la nuit dans sa chaumière », ils sont déjà bien chauds, et Joseph, une fois encore, « en prend pour son grade » : « *Sé pa dòt ki konpè Michaud ki di Sen Joseph pa papa Bondyé.* »[84]

Les plus doués pour l'improvisation en agrémentent encore la saveur, en y ajoutant leur touche de piment.

Ils les chantent un à un, dans l'ordre, du début jusqu'à la fin. Ils sont tellement rodés qu'on pourrait croire la soirée chronométrée. Dès que débute la période de l'Avent, en effet, invariablement, chaque année, le samedi soir, les familles, à tour de rôle, reçoivent les membres de la caravane. Les nourritures terrestres ne constituent pas l'essentiel de ce moment de convivialité, alimenté par la foi catholique. Rien à voir avec les *chanté nwèl* citadins, devenus, pour beaucoup, affaire commerciale. Ici, nul besoin de s'endimancher. On ne festoie pas. On boit et on mange ce que chacun a confectionné et apporté, selon ses moyens.

À minuit pile, ils ont souvent déjà épuisé le répertoire et, pour certains, perdu leur aplomb. Le soir de Noël, le cérémonial est quelque peu différent. L'on passe de maison en maison, et le groupe grossit progressivement, les uns se joignant aux autres pour poursuivre la tournée, qui se termine à l'aube. Entre-temps, femmes, enfants, et toute personne tenant encore sur ses jambes, se rendent à la messe de minuit. Pour beaucoup, c'est le coup de grâce, et ils finissent par ronfler sur les bancs du fond.

[83] « Joseph était tellement soûl, qu'il a dormi dehors. » Sous-entendu : Marie l'a jeté dehors.

[84] « Ce n'est pas un autre que compère Michaud qui a dit que saint Joseph n'était pas le père du bon Dieu. »

M. le curé les réveille alors, en sursaut, d'un tonitruant :

« On ne cuve pas son rhum dans la maison du Bon Dieu. Allez dessaouler dehors, bande de rhumiers ! »

Et généralement, le lendemain, ils ont encore droit à une semonce.

C'est ainsi depuis dix ans. Et alors ! Personne ne se formalise pour si peu. Tous sont d'ailleurs convaincus que la colère de M. le curé n'est que feinte, et qu'il préfère encore les voir *cuver leur rhum dans la maison du Bon Dieu* que de n'y pas venir. Ce en quoi ils ont raison : sans eux, le curé s'y sentirait, parfois, un peu seul.

Le sujet du litige, c'était l'heure de la messe. M. le maire souhaitait que la surprise qu'il préparait, en grand secret, aux Bellifontains, leur soit dévoilée, à minuit, sur la plage, en face de la mairie. Mais pour cela, il fallait que M. le curé consente à déplacer l'heure de la célébration de Noël.

« Changer l'heure de la messe de *minuit* ! Vous n'y pensez pas ! s'était-il offusqué. À quelle autre heure que minuit peut-on célébrer une messe de minuit ? vieil imbécile ! Vous ne voulez pas changer le calendrier solaire, aussi, pendant que vous y êtes ? »

On tournait en rond. Maire et curé avaient fini par céder à un chantage réciproque :

« Comment un homme d'Église, la charité chrétienne incarnée, peut-il refuser aux enfants de la paroisse la féerie de la venue du Père Noël, et le bonheur de la distribution de cadeaux ? »

Car c'est de cela qu'il s'agissait. En cherchant à culpabiliser le curé, le maire avait été contraint de lui dévoiler ses plans, non sans lui faire promettre le secret de la confession.

M. le curé s'était alors lancé dans une longue tirade :

« Est-ce à l'Église de s'aligner sur des pratiques païennes ? Je vous ai déjà concédé de repousser la célébration des cendres. C'est ainsi que le mercredi des Cendres n'est plus jour des cendres. Tout ça pour quoi ? Pour vous permettre de prolonger vos débordements carnavalesques. Vous trouvez ça normal, vous ? Moi pas ! Jusqu'où irons-nous, pour vous retenir dans une église à laquelle vous tournez le dos, préférant vos rites profanes ? Comment un maire, censé être un exemple, peut-il oublier ses devoirs de chrétien ? »

La pratique religieuse de M. le maire procédait en effet davantage de la civilité que d'une vraie conviction. Il n'était pas le seul, et M. le curé s'inquiétait de sa baisse de popularité. Il faisait de moins en moins recette. Les bancs de ce lieu de culte qui, autrefois, faisait salle comble, se clairsemaient de jour en jour. Sa capacité d'accueil était désormais largement suffisante alors, que, dans le bon vieux temps, les jours de fête, l'assemblée s'étendait, faute de place, jusque sur le parvis.

M. le maire avait dû promettre de revenir à une fréquentation plus assidue de la maison du Seigneur.

« Et plus question de rater les offices dominicaux ! »

Sur ce point, M. le maire n'avait pas cédé. M. le curé avait dû capituler. C'était entendu : M. le maire promettait de faire ses Pâques et d'honorer de sa présence quelques autres fêtes religieuses… pour l'exemple ! Mais il ne pointerait pas chaque dimanche à la messe.

Une fois l'accord scellé sur l'heure de la messe, le curé avait relancé le débat sur l'organisation de la fête.

« Ça, c'est mon affaire », avait objecté M. le maire.

Le Curé, qui ne voulait pas en rester là, avait poursuivi :

« Je vous en ficherais, moi, des Noël relookés !

— Il faut évoluer ! Nous sommes entrés dans le troisième millénaire, monsieur le curé… au cas où vous ne l'auriez pas remarqué !

— Vous n'êtes pas obligé de singer tout ce qui vient d'ailleurs. Je suppose que vous avez prévu un bon gros Père Noël bien emmitouflé, en grande robe rouge carmin doublée de blanche hermine, avec une grande barbe blanche collée au menton, une hotte, sur le dos, débordant de cadeaux et de friandises. N'oubliez surtout pas les friandises ! Les enfants en raffolent. Et puis, c'est bon pour les dents. Et le bonnet ! Indispensable, le bonnet… avec le pompon au bout ! Ça tient chaud. Il en aura bien besoin, le Père Noël, en cette période d'hivernage. Ouais, un de ces bons gros Pères Noël de supermarché. Je vous vois bien dans le rôle !

— Et vous, donc ! De père à Papa Noël, il n'y a qu'un petit pas à franchir ! Vous avez déjà la robe : il suffirait de la teindre en rouge… carmin, pour que vous soyez fin prêt. Ça nous ferait des économies !

— Impie ! Bon courage pour le Jugement dernier !

— Ne vous inquiétez pas pour moi.

— Je ne m'inquiète pas. Vous n'aurez que ce que vous méritez ! »

Ces deux-là ne se ménageaient pas. Chaque occasion était bonne pour se lancer dans des joutes oratoires qui frisaient, parfois, l'enfantillage.

« Pff ! Papa Noël ! C'est ridicule ! s'entêtait le curé.

— C'est vous qui êtes ridicule. Rétrograde et ridicule ! Qu'est-ce que vous voulez, le petit Jésus en chair et en os, peut-être ?

— Pourquoi pas !

— Eh bien, puisque vous avez vos entrées chez lui, invitez-le. Il viendra peut être.

— Blasphème ! Vous grillerez en enfer !

— Prenons rendez-vous, alors !

— Et le sapin, vous avez pensé au sapin ? » avait continué le curé sarcastique, l'œil pétillant.

Se chamailler avec le maire, pour se réconcilier peu de temps après, était devenu une habitude. Visiblement, ils prenaient, tous deux, un malin plaisir à ces algarades.

« Sans rancune », se disaient-ils ensuite, avec un geste amical sur l'épaule.

Un sapin, c'est bien ce que M. le maire avait prévu. Un immense sapin qui coûterait une fortune, au regard du petit budget de la commune. Mais, il avait décidé de mettre le paquet.

« Un sapin tout blanc, couvert de neige, ce serait pas mal, non ? » avait ironisé le curé, tout en sachant pertinemment que cette tradition était désormais implantée en Martinique, et que les enfants tenaient maintenant à leur arbre de Noël.

Le maire, ne daignant pas répondre, s'était contenté de hausser les épaules.

« Avec votre manie de me demander des bénédictions à tout va… Ne comptez pas sur moi pour faire le clown lors de votre dispendieuse inauguration.

— Ah bon ? J'en avais pourtant bien l'intention.

— Je suppose que vous avez aussi prévu un traîneau, pendant que vous y êtes !

— Je ne suis pas si stupide ! Ne vous posez pas en plus noble défenseur de la tradition que moi. Dans notre commune, tournée vers la mer, j'avais imaginé qu'une moto de mer ferait plus couleur locale. Le Père Noël viendra de la mer. Bonne idée, non ? La population appréciera. J'en suis sûr ! »

Excepté le traîneau, les supputations du curé tombaient justes. Piqué au vif, M. le maire avait décidé de revoir sa copie. De plus, afin de faire tomber les dernières défenses du vieux ronchon, il avait rusé en lui faisant une séduisante proposition :

« En plus, on pourrait faire une crèche vivante, en plein air, sur la plage… Une belle crèche. »

C'était l'ultime concession qu'il comptait lui faire.

Il avait touché la corde sensible. M. le curé s'était radouci.

« Topez là ! »

À minuit, donc, toute la population devait se retrouver, après la messe de 22 h 30, sur la plage, pour assister à l'arrivée du Père Noël.

Sapin en plastique ou vrai de vrai arraché à sa froidure pour venir suer, aux côtés des cocotiers, sous la chaleur des tropiques : M. le maire reconnaissait que ce n'était pas la meilleure idée. Il avait conservé un souvenir émerveillé de ses Noëls d'enfant. Ses parents, de retour de la messe de minuit, le réveillaient, en douceur, pour le conduire, encore à moitié endormi, devant le sapin étincelant, magnifiquement décoré, dont la cime touchait le plafond du séjour, pourtant haut de trois mètres.

Chaque année, l'*arbre de Noël* apparaissait comme par enchantement. Les petits cadeaux étaient accrochés dans les rameaux. Les plus gros étaient posés, au pied du sapin, aux côtés de deux énormes grappes d'oranges et de mandarines sucrées, juteuses, parfumées. Leurs tiges tressées les rassemblaient en une harmonieuse pyramide. Son père la faisait confectionner à Fonds-Saint-Denis. Servant d'ornement, ces fruits faisaient aussi office de gage de prospérité pour l'année à venir. On les dégustait pendant toute la période des fêtes et, le 1er janvier, les pépins du premier agrume savouré étaient soigneusement conservés dans un papier de soie, un porte-monnaie, une armoire… tout au long de l'année.

C'est cela ! Comme ses parents, il enverrait chercher une belle branche de *filao* (pin australien) dans la forêt ; la donnerait à parer, en grand secret, dans les ateliers municipaux et, en douce, la ferait installer pendant que les ouailles (lui compris), de M. le curé célébreraient la venue du sauveur.

Pour le reste, il aviserait.

La caravane, déréglée par la nouvelle organisation, a pris du retard. D'habitude, ils chantent Noël jusqu'à 11 h 45, puis, toutes affaires cessantes, se précipitent à l'église pour prier, s'assoupir, voire carrément dormir. Certains capitulent généralement en route et restent sur le bord du chemin.

« *Nou anrita, dépéché kò zòt* ! »[85] gronde Man Ninise.

Le temps de rassembler tout son petit monde (difficile, ce soir, à mobiliser pour aller rendre hommage au petit Jésus), il est trop tard pour espérer arriver à l'heure. Ils choisissent l'abstinence plutôt qu'une arrivée trop remarquée. M. le curé, qui ne pratique pas la langue de bois, ne se privera pas de le leur reprocher, l'année durant. Mais M. le curé est aussi un « pote ».

Certaines mauvaises langues disent qu'en fait, ce qui le contrarie, lui qui, habituellement, est de toutes les fêtes, c'est que, le soir de Noël, il lui est impossible de se joindre à eux – il craint trop de n'avoir plus, ensuite, les idées assez claires pour remplir, avec le brio nécessaire, sa charge ministérielle. Cependant, il se rattrape toujours, le 25. Il a l'embarras du choix, et tâche de répondre à toutes les invitations, afin d'honorer ses hôtes, de mieux faire connaissance avec ses brebis, de bénir les foyers par sa présence, de sauver des âmes… Bref ! Tout est bon pour se donner bonne conscience et aller siroter son *ti-punch*, *ponch koko*, *chròb* ; festoyer de *pâté cochon*, boudin, ragoût de porc ou de cabri, *yanm sassa*, pois d'angole. Son péché mignon ? Le si délicieux sorbet coco ! Aucun de ses hôtes ne l'a jamais entendu dire : « Non merci ». M. l'abbé se montre toujours très poli et bien élevé.

[85] « Nous sommes en retard, dépêchez-vous ! »

D'ailleurs, dès qu'il arrive, il commence toujours par s'exclamer :

« Hum ! ça sent bon ! »

Finalement, ce compromis que lui a arraché le maire s'avère, pour lui, un avantage : après la messe, il pourra se joindre à la fête, sans culpabilité, jusqu'à une heure raisonnable. Le lendemain, il se fera un plaisir de disputer ceux qui se seront dispensés de messe – c'est vexant et frustrant, pour lui (qui, sans faiblir, doit s'extirper du lit) d'officier devant une assemblée réduite de moitié.

La caravane espère être à l'heure, au moins, pour la surprise de M. le maire. Mais, à minuit, elle arrive tout juste au niveau de l'énorme fromager centenaire et griffu, objet de peurs ancestrales. Un silence s'abat soudain, ils hâtent le pas : pas besoin de se concerter, chacun connaît les histoires qui circulent de génération en génération, transmises, notamment, lors des veillées, à propos de cet arbre maudit. La malédiction s'y manifeste la nuit, de préférence à minuit. Sous sa ramure, les esprits rôdent, le diable mène le bal et vient chercher des enfants. Cette superstition a au moins le mérite de dissuader les enfants de traîner dehors à la nuit tombée.

Superstitieux ou pas, il vaut mieux être prudent. Par convention tacite, tous, depuis toujours, évitent de s'attarder aux abords de l'arbre de malheur. Il n'est jamais venu à l'idée de quiconque de vérifier ce qui s'y tramait, à quel rituel le diable s'y livrait… Sauf aujourd'hui. Un groupe d'enfants téméraires se laisse distancer pour tenir un pari : défier le Djab. Ils chantent en dansant autour de l'arbre maléfique :

« *Vié Djab, nou pa pè ou !*[86] *Ou pé ké pran nou !*[87] »

Man Ninise, s'apercevant de leur absence, malgré sa peur, revient sur ses pas. Elle attrape le plus jeune de ses petits-fils

---

86 « Vieux diable, nous n'avons pas peur de toi ! »

87 « Tu ne nous auras pas ! »

par l'oreille et le ramène, *manu militari*, dans les rangs. Les compagnons de jeu du petit rappliquent sans se faire prier. Man Ninise ne rigole pas !

Trente minutes plus tard, tout en continuant à babiller[88] les enfants, Man Ninise et sa troupe atteignent enfin la plage. Il y fait plus chaud que dans leurs hauteurs. L'air iodé emplit agréablement les narines.

« *Éti*[89] Timothée ? » dit Man Ninise.

Timothée, le chef *tanbouyé*, a déjà filé à l'anglaise.

« *Ah fout ! Dépi sé pou lanmès, pa bay gaz* ! »[90] conclut-elle.

Il faut dire que Timothée était déjà bien « cassé ». Il avait, avec le rhum, une longue histoire d'amour.

Man Ninise et son groupe découvrent, avec émerveillement, la surprise de M. le maire. Et une autre surprise est en préparation, leur annonce-t-on.

La caravane, démantelée, se fond dans la foule qui attend le début des festivités promises, depuis une demi-heure, sans impatience. À chaque manifestation, c'est toujours ainsi !

Soudain, au-dessus de leurs têtes : un sifflement. Les enfants pointent du doigt. Tous les regards se dirigent vers le sombre manteau du ciel. Un parapluie aérien, multicolore, se désagrège en une pluie d'étincelles. Les tirs, qui se succèdent, sont peu à peu corrigés. Ils finissent par éclairer, dans leur chute en cascade, une embarcation, qui, sur l'eau, pointe le nez de derrière la falaise. Elle approche à vive allure.

Pour être aussi pressé, le Père Noël doit être très en retard dans sa tournée ! À moins qu'il n'ait carrément perdu la tête ! Des projecteurs, dirigés vers le bolide, s'allument.

---

[88] Faire des remontrances.

[89] « Où est Timothée ? »

[90] « Dès que c'est pour la messe, il ne faut pas l'embêter ! »

Sous peu, Papa Noël apparaîtra aux yeux ravis des enfants. Son traîneau, devenu canot, atterrira, en douceur, sur la plage. Aux pieds du filao, il déposera sa hotte, remplacée par des paniers caraïbes débordants de cadeaux et de douceurs des îles. Ça, c'est le scénario prévu !

Le maire et ses adjoints écarquillent les yeux. La yole décorée, repeinte à neuf… est vide. Le Père Noël a bel et bien disparu. On ne voit ni son *ombrage*, ni son fantôme, ni son esprit. *Pfiou !* Envolé !

Deux minutes plus tard, la yole s'échoue sur les rochers. À moitié renversée, elle laisse échapper sa cargaison de présents.

Les vagues jouent avec des centaines de paquets enrubannés. Papiers dorés ou argentés scintillent sous l'effet des projecteurs.

Le maire, pressé de questions, avoue, penaud et inquiet, qu'un Père Noël, prévu au programme, devait amener, à bon port, les cadeaux qui dansent en ce moment sur l'eau. Où est-il passé ? Que lui est-il arrivé ? Mystère !

Man Ninise, debout à ses côtés, commente, sans retenue :

« *Sé pa an timanmay djab la mandé jòdi, sé an grannonm.* »[91]

Elle apostrophe les enfants :

« *Zòt wè ! zòt kriyé djab-la, i vini, zòt kontan* ? »[92]

Le vieux curé borné est loin de se réjouir de l'échec de l'entreprise de son entêté d'ami.

« Voulez-vous bien vous taire ! Grande pécheresse devant l'Éternel ! Vous n'avez pas honte, de tenir des propos pareils ? Vous auriez mieux fait de venir à la messe, cela vous

[91] « Ce n'est pas un enfant que le diable a réclamé, aujourd'hui, c'est un adulte. »

[92] « Vous avez vu, vous avez appelé le diable, il est venu, vous êtes contents ? »

aurait peut-être évité de vous enfoncer davantage dans vos égarements !

— *Mwen té sav sa* ! »[93] grommelle Man Ninise.

Elle savait qu'il n'allait pas rater à la moindre occasion de la reprendre, le curé. Et ça ne fait que commencer. *Tchip* !

Le curé et elle sont à couteaux tirés ; pas pour les mêmes raisons qu'avec M. le maire. Ce que le curé juge intolérable, c'est que Man Ninise puisse accorder autant de crédit à Jésus, Marie, Joseph et tous les saints qu'à son *tjenbwazè*[94].

Les enfants, déçus, commencent à chigner. Les plus petits, voyant leur rêve emporté au gré du courant ou se noyer, se mettent carrément à hurler et à faire des caprices, ce qui n'est pourtant pas dans leurs habitudes.

Mais qu'est-il donc arrivé à Timothée ?

Cyrille et monsieur Norbert, plus que les autres, craignent un drame.

Timothée, lorsqu'il les avait rejoints, avec une demi-heure de retard, bien qu'imbibé, avait été jugé le moins « chargé », et donc, le plus apte à conduire la yole à bon port.

Monsieur Norbert serait aux commandes du feu d'artifice, et Cyrille se chargerait d'accueillir le Père Noël sur la plage et de l'aider à distribuer les cadeaux aux enfants.

Pour ménager l'effet de surprise, Timothée devait partir de la crique la plus proche, abritée des regards. Les projecteurs devaient le faire apparaître, dans toute sa superbe, debout, chapeau bakoua, pointu, vissé sur la tête ; sa belle carrure vêtue de neuf (chemise madras largement ouverte sur son torse nu, nouée sur le ventre ; corsaire blanc). Il devait ensuite se diriger, en droite ligne, vers la plage, et s'échouer – en douceur – aux pieds des invités.

---

[93] « Je savais ça ! »

[94] « Quimboiseur » : guérisseur, aux Antilles.

Illico presto, des canots sont mis à l'eau. Revenus bredouilles, ils passent le relais aux pompiers. Jusqu'au petit matin, les recherches sont vaines. Point de Timothée. La mer semble l'avoir avalé jusqu'à la dernière arête.

L'émotion est vive. Timothée est un bon bougre. On peut toujours compter sur lui pour mettre de l'ambiance. Finir comme cela ! Pour un marin pêcheur, c'est d'autant plus bête. Force cierges sont allumés sur la plage, autour de la crèche, et force prières dites pour le retrouver sain et sauf. Monsieur le curé, depuis belle lurette, a renoncé à faire la part des choses entre ce qui, dans leurs pratiques, relève d'une foi profonde et ce qui relève de croyances superstitieuses. Il laisse faire.

« Grâce à Dieu, il est vivant ! »

La nouvelle se répand vite et, tout aussi vite, Timothée devient la risée de la commune. Il était déjà à l'origine de succulentes histoires qui alimentaient les moqueries. Mais celle-là, c'est la meilleure !

Lorsqu'on l'avait déniché, à son état d'hébétude, on avait compris que la veille, il était *boulé*[95] *de chez boulé*. D'ailleurs, son haleine sentait encore le La Mauny. Un démarrage trop brutal, et il avait été éjecté du canot. L'immersion forcée dans l'eau froide lui avait, un instant, rendu un peu de lucidité. Sonné, il avait rampé jusqu'à une anfractuosité d'un rocher. Il avait dormi, comme une souche, sur un confortable matelas de varech séché, protégé des intempéries et des regards par un paravent de *razié*[96].

Tous l'appellent, encore aujourd'hui, *« papa nwèl »*, et personne ne lui en veut de leur avoir fait rater la toute première visite du Père Noël. Après tout, ce n'était pas *leur* Père

[95] Soûl.

[96] Mauvaises herbes.

Noël, ce n'était pas leur tradition. *Chanter nwèl*, ça, c'est leur marque de fabrique. Ils se sont approprié cette vieille coutume française, ils l'ont accommodée à leur façon. Elle est devenue leur.

Et l'année prochaine, Timothée sera, à nouveau, sollicité pour faire ce qu'il fait le mieux : *bay lavwa*[97] et battre le tambour.

Le curé l'aura à l'œil. Il lui a fait promettre de mettre la pédale douce sur le rhum. M. le curé a de la suite dans les idées. Sûr qu'il veillera personnellement, le 24 décembre prochain, à *minuit*, à ce que Timothée assiste à la messe, en signe de gratitude pour le Sauveur qui lui a épargné le pire.

[97] Donner de la voix.

Et cric… et crac !

Et cric !
Et crac !
Et misticric !
Et misticrac !

Répondent, enthousiasmés,
Ceux qu'Anasthase a invités.

Ce soir, Anasthase,
Près de sa case,
Prend sa revanche
Sous la lune blanche.

Sous l'imposant fromager,
Tous les soirs de veillée,
Lorsque le noir est installé,
À la lueur des flambeaux allumés :

Avec tous ceux qui tendent l'oreille,
Anasthase veille.
Anasthase n'a pas son pareil
Pour mettre les sens en éveil.

Les ombres vacillent ;
Les grenouilles babillent ;
Les criquets s'égosillent.
Plus de trille. Pour les oiseaux : c'est la quille !

C'est l'heure de la revanche pour Anasthase !

La voix d'Anasthase tonne ;
Dans la campagne, elle résonne.

Après s'être, dans les branches accrochée,
Elle enfle puis retombe, étouffée.
Jamais fatiguée. Jamais essoufflée,
Elle gambade avec vivacité.

Les corps, dans l'attente, sont figés.
Les yeux brillent de curiosité :
« Anasthase, fais-nous rêver ! »
Semblent dire les visages extasiés.

Anasthase s'exécute :
Le débit précipité, court vers le but,
Les mots s'accordent puis se disputent,
De son histoire, il prépare la chute.

Il ne leur laisse pas le temps de souffler,
Pas le temps d'interroger.
Ils sont là, bouche bée
À le regarder.

Et *cric* !
Et *crac* !
Est-ce que la cour dort ?
Non, la cour ne dort pas !

Sous le regard ébahi
De ses amis

Anasthase conclut.
Les esprits malins sont confondus,
Les méchants vaincus
Et les gentils reconnus.

Les génies se taisent.
Comme s'éteint la braise,
Les tensions s'apaisent.
Anasthase soupire d'aise,

En attendant la prochaine veillée
Pour que, sous le fromager,
Dans l'obscurité,
Il les fasse encore frissonner

Avec ses histoires à dormir debout
Que tous écoutent jusqu'au bout,
Avec un plaisir toujours renouvelé,
Sans se lasser.

Belle revanche pour Anasthase !

L'ignare campagnard
Le vilain petit canard

À l'école, ignare il était,
Ignare, il resterait.
La condamnation, sans appel, tombait
Et tous s'esclaffaient.

Avant même d'émettre la moindre idée,
De ses camarades, il était la risée.
Et de l'instit frisée,
Le mal-aimé.

Il était nul.
Nul et ridicule.

Tête de Turc, souffre-douleur.
L'école, pour lui, c'était l'horreur,
Le lieu de toutes les peurs,
De tous les malheurs.

L'oralité,
Chez lui, était innée,
Mais, sur le cahier,
Il n'était pas inspiré.

Il ne savait pas philosopher dans la langue imposée
Mais, en créole, il savait conter.

Autour de lui, les mots papillonnaient,
Voltigeaient, s'offraient.
Il se les appropriait, les parait,
Les cuisinait et les servait

Tout chaud défournés
À ses amis hypnotisés
Par ses contes improvisés
Avec tant de facilité.

C'était sa revanche, à Anasthase !

Namu, disaient les griots, ses ancêtres,
Et, avant eux, les ancêtres de ses ancêtres.

Et *cric* ! disaient son père,
Ses grand-père et arrière-grand-père.

Et *cric* !
Et *crac* !
Est-ce que la cour dort ?
Non, la cour ne dort pas !

Répond, plus fort que les autres, l'instit frisée
Qu'Anasthase a invitée.

Table des matières

Cet ouvrage a été édité par la
Société des Écrivains,
14, rue des Volontaires – 75015 Paris
Tél : 01 53 69 65 33 – Fax : 01 53 69 65 27
www.societedesecrivains.com
info@societedesecrivains.com

Imprimé en France